大展好書 好書大展

大展好書 好書大展

社會人智囊

30

機智應對術

李玉瓊／編著

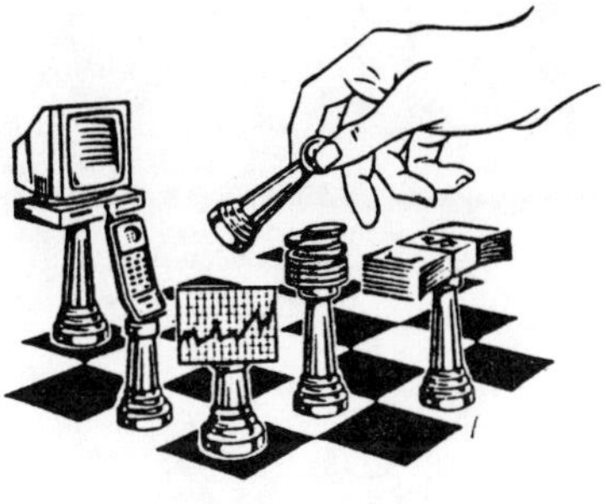

大展出版社有限公司

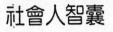

序言

在公司上班工作或日常生活交際中，不論是誰都曾有那種進退維谷，不知如何是好的經驗吧！

「這時候，我該怎麼說好呢？」

就在這一剎那間，結果：

- 說不出話來
- 不知道說些什麼才好
- 無關緊要的事說得太多

等到日後一想起就悔恨交加，捶胸頓足的經歷，想必每個人都有一、二件吧！

相反地，如果在那種「千鈞一髮」之際，能夠靈機轉動、神來一言、應對得當，不但自己深有成就感，周圍的人也會為之喝采不已，從此刮目相看。

所謂「說話的實力」，就是指那種面對突發的意外狀況或場面的應變力。

平常不需任何準備就可輕易侃侃而談的人，一旦受到追問而陷入窘境時，很多人會變得支唔其詞、亂了方寸。因此，在緊要的關鍵却無法講出適切的話，這種人顯然地就是實力不足。

談到「說話的方法」，或許有人會很不以為然說：

「我從小到現在都一直在講呀！」

「說話呀！別開玩笑啦，這誰不會呢？」

「哪有什麼好說的？」

可是，在那種「關鍵時刻」而能將必要的事適切地表達出來的人，又有幾個呢？

要想讓工作上的人際關係一帆風順，使人生過得更富麗，說話的方法具有決定性的影響力。這種能力越高，就越受人尊敬、自我的人生旅程也會過得更充實。

* * *

本書就是要介紹，如何在那「萬一」的場面中，發揮臨機應變的能力，並且引用大量的事例做實際而具體的說明。每一個事例的介紹方法是：

①案例

②重點解說

③回答要點

讀者不妨從目前正苦惱你的類似案例開始讀起，也可以從曾經嘗過苦頭的案例開始，當然您更可以隨心所欲地選讀。

本書是採用案例解說的形式，只要熟讀，自然就能掌握說話方法的原理、原則。閱讀完本書後，您就能同時兼具「解脫困境的說話技術」和「順應狀況的說話技術」，從此不再有「這時候不知該怎麼說？」的困窘。

斤人：前輩，您在加班嗎？
前輩：你沒有長眼睛嗎？我這樣像是在休息呀！
斤人：………（無言以對）
課長：今天你替我出席會議，好嗎？
部屬：抱歉，我現在正忙得很呀！
課長：好吧！好吧！以後不找你辦事就是了。
HELP!

部長
課長
工作

事事盡如人意呢？

上司之恥
部屬：那就拜託您幫忙了。
股長：咦！什麼事要拜託我呢？我怎麼沒聽說呢？
部屬：（啞然）……
那件事我可沒聽說過呀！
這可就糟了！
對方：陳經理在嗎？
己方：請問您是哪裡？
對方：你管那麼多，替我接過去就好了！

課長：怎麼沒照指示的那樣做呢？
部屬：這樣也可以嘛！反正……。
課長：喂！你這種敷衍的辦事態度，怎麼可以呢？
什麼！
一時失忽
喂！

課長：交待你做的事，辦好了嗎？
部屬：嗯……還沒好……。
課長：算了、算了！我自己來做好了！
糟糕！忘記了！
算了！我自己來吧！

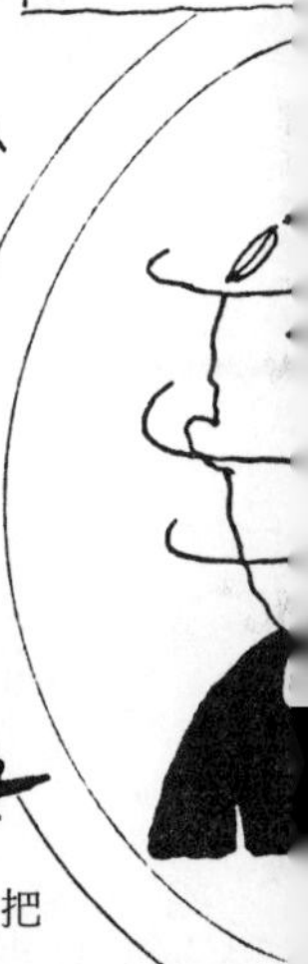

人在社會，怎可能

顧客：你們公司，到底打算什麼時候交貨？
負責接洽者：（無言）……。
顧客：跟你說也沒有用！去叫你們上司來！
對不起
叫你們上司出來！

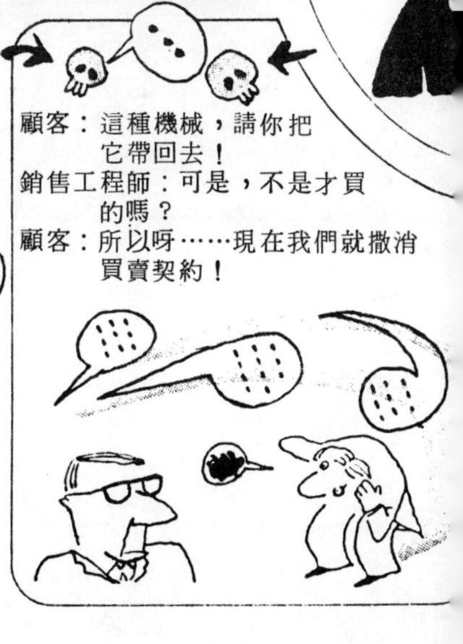
顧客：這種機械，請你把它帶回去！
銷售工程師：可是，不是才買的嗎？
顧客：所以呀……現在我們就撤消買賣契約！

目　錄

第二章 解除尷尬氣氛的方法

第三章 如何消除別人對自己的誤解

第四章　拒絕別人的說話術

第五章　當對方發動脣槍舌戰時，如何給予反擊

第六章　迴避難題的應答方法

第七章　化解難關的說話術

第八章　電話應對的技巧

第一章　化險爲夷的道歉方法

●轉禍為福

「不要怕失敗」，這是經常可聽到的訓勉話。的確，人的成長時常都是經過失敗的磨鍊。事實上，誰都懼怕失敗，當有所行動就用心注意做法是否安全確實，爲的是要避免失敗。

爲什麼大家這麼怕失敗呢？無非是害怕事情失敗而不知該如何應付，或者擔心善後處理不當而使失敗的結果一直存在著。恐懼失敗的打擊而進退維谷………評價低落，甚至給別人帶來麻煩……等，儘是一些負面的影響，所以怕失敗，這也是理所當然的了！

惟有從失敗的危機中，很快地重新站起，適切地處理，轉禍爲福，失敗才能帶來正面的影響，使人堅強地成長。

因此，本章就是要例舉如何將失敗的劣勢，轉爲於己有利的優勢的「說話技巧」。首先最重要的是「道歉的方法」，以下就先將其要點列述。

①及早認錯

很多人一做錯事，就會搬出很多理由試圖保護自己，也有人礙於面子而不肯誠實認錯。殊不知，這樣做，反而會遭致反效果。

做錯了事，最重要的是應該「自己先認錯」。惟有自己勇於認錯，才能冀望對方以「人非聖賢，孰能無過」的寬大態度給予諒解。

②用身體認錯

所謂「用身體」是指，所表現的態度要發自內心眞誠的感情。光是嘴巴認錯，而態度卻草率輕浮，這種認錯，當場就會引起對方的反感。

人家在意的是你的態度，而不是你的言詞。態度是否眞誠，才是決定言詞動聽與否的重點。

③簡潔扼要地說明事情經過

極力地爲自己辯解反容易招致對方不諒解，但簡潔扼要地說明事情經過和失敗的理由，卻也是必要的。因爲，這樣對方才能明瞭事情的狀況。

④儘快做好自己能力範圍內的善後工作

自己做錯事而遭致別人的非難時，應該了解對方之所以那麼生氣的原因。設身處地爲對方著想，儘快完成自己能力的善用工作。

⑤卽使有機會辯解、還是要謙虛

言行不可衝動冒失，有話要說，應該採用「請教」「請問」的謙虛態度。

惟有眞誠地知錯認錯，才能從失敗中獲益，並及時擬出有效的因應措施。

1 把別人的職稱叫錯時，該怎麼辦？

陳先生被調派到分公司半年，一回到總公司，馬上就趕著去問候以前很照顧他的田課長。

「過去承蒙您的栽培，眞是感激不盡，分公司那邊的同事也要我代替他們問候課長！」

陳先生對過去田課長經常不辭辛苦地跑到分公司給予指導的事，反覆地致謝，可是，不知怎麼搞的，對方反應似乎很冷淡。

當陳先生納悶地走出門時，一名同事才過來告訴他說：

「田課長，現在已經升為副理了呀！」

職稱是上班族的「勳章」

不知道對方已經升官，依然用以前的職稱稱呼，常會使對方心理覺得很不是味道。

另一方面，雖在同一個公司，總公司和分公司卻由於距離的相隔，情報消息有時並無法完全的互通。因此像陳先生相隔半年才回到總公司的情形，最好在進入總公司之前，事先確認對方是否已經有變化。

1 除了道歉還要表示恭賀

像上例，說錯的話是再也收不回的，唯一可行之計，就是考慮如何善後。

當知道事情眞相後，應該馬上折回去道歉並表示恭喜。例如：

「副理！眞是恭喜您了！您也眞是的，剛才也不告訴我一下。我在分公司消息難免不太靈通，不過，錯漏您升官的消息，總是我的不是，眞對不起，請原諒。」

像這樣明白地講出來，並把衷心祝賀他升官的心情表達出，就能化解對方的芥蒂。

2 發自內心率直地道歉

有一位剛出道的業務員，由於過份地緊張，在洽談生意時把對方的經理叫成「課長」。當時他也警覺到這一錯誤而感到很不好意思，後來他靈機一動，這樣地說：

「呀！眞是對不起！竟然一緊張就說錯了話；可是，說眞的，經理，您這麼年青，怎麼看都不像是經理級的人。」

一不留神，這段話也可能變成帶有諷刺意味，幸而說話者能把＜這麼年青就當上經理，眞是不簡單＞的讚佩之情，率直地表露無遺，反而獲得對方的好感。

那位經理聽了業務員的話後，只見他微笑著說：

「呀！哪裡！哪裡！你可以放輕鬆一點，不要那麼拘束。」

＊　　＊　　＊

道歉時最忌諱說露骨的奉承話。失敗的結果已經發生，却要擺出一付不知情或錯不在我的態度，這只會使對方對你更加不諒解。上面擧的二個例子，它們之所以能得到圓滿的結果，無不是當事者發自內心的坦誠態度所使然。

2 說者無心聽者有意時，該怎麼辦？

王課長下午要主持一個大型的企劃會議，需要準備一些資料。於是就把這件事交給陳事務員去辦，由於陳事務員處理這類事很有經驗，沒多久就把資料交給課長了。

王課長翻閱著資料並愼重地問：

「這案子上面的人很重視，資料內的數字，你都有詳細校對過吧！」

不料陳事務員却吊兒郎當，嘻笑著說：

「大概不會錯吧！」

陳的話說完，就見王課長把資料重重地往桌上一丟，並睁目怒氣地說：

「你是在幹什麼？怎麼可以說『大概』呢？」

陳也嘟著嘴，心想：「開個玩笑也不行呀！」

▨3種不可以開玩笑的場合

明明是一句玩笑話，對方卻信以爲眞，結果就造成說者不快聽者氣。這種情形的發生原因，大致有下列三種：

①以對方用心思考、重視的事開玩笑。

陳君的事例就是這種情形。王課長命令陳君替他準備資料，是以一種一絲不苟的心情，而陳卻嘻皮笑臉毫不在乎，所以課長當然要動氣發怒。

②個性耿直的人經常會把別人的玩笑話當眞。

③對方有心事，沒有心情聽玩笑話。

這和②的情況類似。由於焦躁不安、過度疲勞、精神過於緊張……等因素，也會使一個正常人的精神或肉體陷入緊繃狀態，而聽不下任何玩笑話。

另外，有強烈自卑感和被害者意識的人，也是開不得玩笑的。

＊　　＊　　＊

如此一來，或許你會懷疑：「那麼，玩笑話是說不得了哦？」其實也不盡然。一般而言，玩笑話大多具有使工作場所變得開朗，化解呆板氣氛的功用。問題在於我們是否看清說話當時對方的心情罷了！

要有自信地說明

像陳君的例子，既然上司已經生氣了，那他該怎麼辦？如果自己也默不作聲，更容易造成對方的誤解。

在情況驟然變壞時，陳君應該把語氣一轉，用充滿自信的口氣說：

「課長您放心，這些資料絕不會有問題的。」

「那麼，你剛才爲什麼說『大概』呢？」

「對不起！不過，請檢查這些資料看看，一定不會有錯的！」

說話時除了語氣要有自信外，還要面帶一點微笑！

聽了陳君的補充說明和看到陳君的態度後，王課長的心情應該會緩和下來才對。

3 對別人突如其來的指責，該怎麼辦？

和上司一起用餐，幾杯燒黃湯下肚後，大家開始聊得不亦樂乎，突然——

「陳君，最近你有件事我很在意……」

「……就是你好像不和同事打招呼。」

這簡直就是晴天霹靂。陳君心想，自己每天上下班都規規矩矩地跟同事一一打過招呼呀！眞想不通竟然有人會這樣說。

有時自己反而不了解自己的行爲

當局者迷

事實上，我也有過同樣的經驗。二十年前，當我還是某公司職員時，就曾經被上司指責「禮貌不週到」。但我深信自己隨時隨地都很注重禮貌，因此無法接受上司的說法，當場表示不服。

可是，過沒多久，有一天從鏡子中看到自己向客人行禮時的姿態，我終於了解，我的確該受到指責的。原來，我對客人鞠躬時，雖然是深深地彎下腰，但挺腰上來時，動作太快而且抬頭挺胸，無形中就顯露出咄咄逼人的倣慢之氣。

謙虛地求教

私底下聚餐喝酒，上司總是比較會直言不諱。像上述的例子，最好就在酒席上，用謙虛的態度向上司請教自己需要改進的地方。譬如：

出。

「課長，我眞的有心想把工作做好，就是不知道毛病在那裏，請您給我指點、指點吧！」做上司的看到自己部屬虛心求教的態度，自然就會把他認爲該部屬有所缺失的地方具體地指出。

相反地，遇到上司批評自己時，就默不作聲或不高興地回答「是嗎!?」是最要不得的行爲。以前的我就是這樣。結果，上司就再也不注意我有關禮節的問題。有些上司甚至一談到我就說：「那傢伙不行啦！」幸而我後來注意到自己的缺點，否則說不定現在還是一副傲慢的態度呢！

前輩，上司的批評就是反映自我的鏡子。

4 奉令行事却遭指責，該怎麼辦？

才瞥了一眼資料，王課長就板起臉孔，怒氣地說：

「喂！你這樣做不行啦！每個月份的資料不詳細地列出來的話，就沒有辦法做檢討呀！」

但是王課長的指示中，明明只要各營業所的業績一覽表而已，於是部屬A君，就不服氣地回答說：

「可是，課長您又沒說要那些資料呀！……」

「這種事不用說也應該要知道，不是嗎？」

「好吧！那現在要怎麼辦呢？」

就這麼一句話，王課長也變得激動起來。

「你說這句話是什麼態度！」

在這裏，A君做錯了二件事。

要能旁敲側擊

遇到這種情形，即使有理由辯解，還是要先率直地認錯道歉。工作沒有達到上司的期望，不管有再多再大的理由，首先最要緊的就是要鄭重地道歉說「對不起！」

＊　＊　＊

通常上司的指示或命令大多僅是原則性的，換句話說，其內容多是有所省略。

雖然上司只說要各營業所的業績一覽表，接受命令的下屬如果不問清楚上司要這些資料的目的，就很難做出盡如人意的資料。

如果屬下在接受指示時，也想到最好再詳細做一份月份別的業績表，不妨當場提出來向上司請示看看。不管如何，這應該是有益無害的！

當時A君要是能夠這樣地向上司請示，就不致於慘遭挨刮，說不定上司還會說「啊！對了，對了！月份別的資料也麻煩你做一份。」如此和顏悅色地答覆他，同時，對於A君這種仔細的態度，也會大加讚許。

先認錯再說理由

遇到這種情形，做屬下的人最要緊的就是要先認錯，老老實實地向上司認罪賠不是說：「眞是對不起，請原諒我一時的疏忽。」

如果要辯解，也應等認完錯以後，再以反省的口氣來敍說。例如：

「當時要是再仔細地向您請示做資料報表的作用，就不會發生這種錯誤了。雖然我也想過要做月別資料，但總覺得自己不應該擅作主張，因此才造成這種錯誤……」

上司見到屬下誠懇認錯的態度，再加上這些話，應該會心平氣和下來才對吧！甚至會覺得是自己的指示不週詳：

「嗯！說得也是，當時我要是多做一點補充說明就好了……」

「沒關係啦！反正趕快重新做一份就好了……」

當然，事後做屬下的只要全力去把資料做好，就不用擔心會有什麼不良的後遺症發生。

*　　*　　*

一個人對於錯誤，要是有「錯並不在我」的想法，即使要認錯，也一定會先搬出很多理由來爲自己辯解。事實上，這是有百害而無一利的行爲。處理那種突如其來的責難，最佳之道就是先認錯再說。

5 忘了替別人傳話時，該怎麼辦？

早上，客戶陳先生有事來找王課長，不巧，課長正好在開會，於是陳先生留話說：「明天在我那裡有個聚會，想請王課長出席，麻煩您轉達。」櫃台的林小姐，很恭敬地答應說：「好的，我一定會替您傳達的。」事後林小姐又接了許多通電話，並處理一些雜務，等王課長開完會出來時，她早已忘記陳先生拜託她傳話的事。

下午，王課長外出公幹，陳先生打電話來：

「林小姐，早上拜託妳的事，是否向王課長說了呢？」

一時之間，林小姐也無從回答，慌忙間就「吔！吔」地虛應幾聲。

「那麼王課長怎麼說呢？」

「啊，大概是沒問題吧！不過課長現在正好不在，我想等他回來後，再請他給您回電話，這樣比較好。」

「糟了！忘記做……怎麼辦？」

「好吧！那就萬事拜託了！」

眞是有驚無險，林小姐擦下額頭的冷汗後，才放下電話筒。

養成記下傳話內容的習慣

忙的時候，最容易忘掉轉達留言的事。因此一接到傳言的請求，最好立即筆記下來，然後馬上放到要傳達的那個人桌上。

接受別人留言的請求，却又「忘」了傳達，會使自己變成沒有信用的人。要是平常就不被信任，再發生這種錯誤，後果將更加不堪設想，有人甚至就會說：「所以說嘛，這個人是靠不住的啦！」

除了道歉，還要有善後的對策

上面的例子，簡單地說就是一種撒謊的應變

方式，不管如何，這絕不是應有的行為。

忘了傳達別人的留話就是犯錯，所以當對方用電話等來確認結果時，就應該老老實實地道歉賠不是，同時還要給對方一個交待，例如：

「對不起，您的事我還沒向課長提起……」

「現在我馬上為您連絡，一有結果就給您答覆。」

林小姐應該先向陳先致歉，然後趕快設法連絡課長取得回答，並馬上通知陳先生。等課長回來後，再就遺忘傳言之事請求原諒。

6 未明確拒絕而遭催促時，該怎麼辦？

由於滙率變動的關係，部屬提出來的企劃案根本就行不通。但考慮若當場將企劃案否決，恐怕會挫傷部屬的幹勁和信心，因此上司就決定過一些時間再作回答。可是工作一忙，就將此事給忘了。

幾天之後，部屬前來問說：

「前天提的企劃案，您考慮的結果是否可行呢？」

這時才慌慌張張地想起有那麼一件事，在這種情況下，可就很難對應了。

▨不要挫傷部屬的「幹勁」

身爲上司，對部屬的建議或提案等，絕對不可以隨便加以否決。即使不得不予以否決，也必須用心地聽取全部的報告，然後再將該計畫所以行不通的理由說明清楚，並且還要嘉勉部屬向上進言的精神，並鼓勵他以後仍要多多進言。

要緩和當場拒絕的打擊，還有一個好方法就是拖延時間。不過，採行這種方法必須注意下列二點：

①避免被誤認爲在擺官架。

②可能會像上述的例子，後來因其他的事一忙，就把該事給忘了。

▨三種回答方式

發生這種事，通常有下列三種處理方式：

第一、坦白承認已忘了提案的事，然後再表明該案實在行不通。

第二、故意裝蒜「吔!?你說的是哪件事呢？」讓部屬自己知難而退。

第三、先嘉勉部屬的提案，然後再說明經過詳細的檢討，目前並不是可行的時機。

第一種作法，似乎太過率直，容易被部屬看不起。第二種作法會讓部屬覺得他的上司很不負責任。至於第三種作法，有下面的說法可供參考。

說明不可行的理由

「你所提的計畫案，我已經詳細看過，確實很不錯，我個人也很想讓它付諸實現。可是你也知道，目前滙率變動得這麼厲害，公司的經營也受到影響。在這種情況下，即使有再好的提案恐怕都很難推出！本來我正想找一天和你說明公司方面的困難，今天正巧你提起，就可以不必再讓你多跑一趟，希望你能體諒公司目前的情況。」

像這樣，上司也多少有點面子，而部下也較能接受。

7 上司自己遲到時，該怎麼辦？

上司經常會要求部屬要有提早五分鐘的精神。尤其早上應該在上班前五分鐘時，就把辦公桌整理好，進入工作狀態。

當然，對那些遲到的屬下自是免不了要數說一番。遲到不但於己有害，還會給週遭的同事帶來很多不便。

可是，今天上司自己却遲到了。上司自認爲並不需要向屬下解說遲到的理由，一語不發到他

上司說這種話，這種態度會打擊部下的士氣！

上司說的話		部下的反應
「我沒有聽說過！」	⟷	我的確報告過……。
「當時我確實警告過！」	⟷	實際上沒有聽到，不過情形如何呢……。
「這種事怎麼能不向我報告呢？」	⟷	你說過由我全權處理……。
「你做這種工作做了幾年了！」	⟷	在部下，前輩的面前怎能罵人……。
「不知上司會怎麼說？」	⟷	自己是上司還想推卸責任……。

的坐位上去。

屬下們一看到這種情景也不敢吭氣，兀自默默地做自己的事。

▨率直地認錯道歉

假如你是這位上司，這時候你會怎麼做？

既然要斥責部屬遲到，自己就應該努力避免遲到。可是，人畢竟不可能凡事都完美無缺，上司也是人，偶而總也會發生無法準時上班的事。

不管有任何理由，遲到就是遲到，最好的做法就是老老實實地認錯道歉。

話雖這樣說，但要上司向下屬認錯道歉，的確是很難辦到。有些上司即使明知自己有錯，仍會強辯或編一些牽強的理由，甚至用自己的權位壓迫對方。

遇到這種上司，做屬下的唯有避讓一途。可

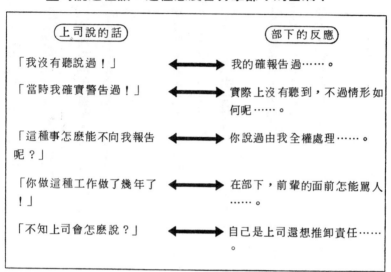

是表面避讓的結果，屬下的心也會逐漸遠離而去。

▓開朗的態度最重要

一旦確知錯在自己，就要率直地認錯道歉。雖然這或許有傷體面，但總比失去人心好吧！說不定這樣做反而會更讓下屬尊敬。

「大家早！對不起今天遲到了……」

知道自己遲到，一進辦公室就要用很自然、開朗的態度和語氣向大家道歉，然後再簡潔地說明遲到的理由。

即使身為上司也不能例外，只要是遲到，就要向大家認錯道歉，說明原由。這不但是上班應有的態度，而且也可以讓下屬鄭重地意識到「遲到」這件事的意義。

8 自己誤解卻責怪別人，該怎麼辦？

林先生已經擔任三年的課長，對工作不但瞭若指掌而且充滿自信，可是脾氣却很暴躁，經常毫不留情地當面責罵屬下。

雖然他也知道這樣不好，可是一旦性急就壓抑不住，甚至「混蛋!?」二字就脫口而出。

最近，他的屬下A君呈給他一份報告，因爲重點交待不很清楚，林課長就生氣地駡A，「像老太婆的裹脚布」、「簡直是胡扯，什麼也看不懂」最後還將報告退回，要A重寫。

事後林課長也覺得對A君似乎說得太過火。可是二天後，聽到A君以一種很不客氣的語調接洽生意，不禁又怒上心頭，一等A君掛上電話，就向A君吼著說：

「××，你怎麼可以用那種口氣講生意呢？」

「課長，您又不是不知道，甲公司的負責人平常吊兒郎當的，如果講話的口氣不強硬一點，對方什麼事情都會當馬耳東風的……」

聽完A君的回答，林課長再環視周圍其他的屬下也都是一付「本來就是嘛！」的表情。唉呀，不好了！是自己不明究裡，寃枉了A君……林課長很歉然地搔搔後腦勺。

不要忘了深呼吸

脾氣暴躁的人，通常對任何事都是只聽得前段而顧不得後段，因此常會發生錯怪別人的事。要想避免這種糗事的發生，最要緊的是養成確認整個事情原委的習慣。一察覺自己的性子快要暴躁起來時，不妨深呼吸，就可使自己恢復理智平靜下來。

例如看到屬下的報告雜亂無章時，不妨先深呼吸一下，再問：「文章好像沒有頭緒，這究竟是怎麼一回事？」這樣至少在發怒之前，能先了解部屬有無理由。

養成這樣的習慣以後，在質問別人時，語氣也會逐漸變得緩和。像前面的例子，即使聽到屬下不禮貌的電話對答，說不定只會笑著問說：

「你不覺得自己的語氣好像太強硬了一些嗎？」

這種和顏悅色的質問，部下不但不會反感，反而還會覺得不好意思，並把理由說出來。例如：

「啊，對不起！其實我也不想這樣說，可是甲公司那邊的負責人實在太散漫了！」

道歉是最好的方法

一旦判斷錯是在自己時，最好的善後之策就是道歉。像林課長的情形，最好當場明快地道歉：

「原來是這樣啊！眞是對不起，事情沒問清楚就生氣。」

馬上知錯認錯，不但能立刻恢復辦公室的明朗氣氛，部屬對上司明理的態度也會充滿好感，對無理挨罵的事就不會耿耿於懷。

或者等過一些時間後，例如在中午休息時，再找A來談談。

「打電話時，周圍的人對當事者的事情根本不清楚，所以單聽一方的聲音，很容易產生誤解。我們公司外人進出很多，像您早上那樣的口氣，說不定就會造成幾個像我一樣錯怪你的人……

」

9 記錯別人的名字時，該怎麼辦？

剛告別客戶出來，就看到部屬一臉困惑的表情說：

「課長，剛才跟我們接洽生意的，是陳經理而不是林經理呀！……」

「是……嗎!?我怎麼會……」

「對方可是我們公司的大客戶呀……」

聽到部屬這種令人大感不快的話語，課長這下也惱羞成怒地斥喝：

「既然你剛才就已發覺錯誤，爲什麼不即時給我暗示呢？」

▨記錯名字是最要不得的錯誤

一個通俗的名字或一臉大衆類型長相的人，經常會被叫錯名字或被認錯人。當然，這對被誤認的一方是非常失禮的。

這時候，該怎麼辦？

1 一發覺就應當場致歉改正

譬如：

「眞是非常對不起。因爲在親友中，就有長得和經理您很相像的人，所以，一時之間就……。

那位親友，就像經理您一樣，很有魅力。」

又部屬一旦發覺上司的失誤，雖然很難正面提出糾正，可是仍要想辦法試著當場把這種錯誤改正過來。

2 別忘了向部屬致歉

像前面的例子，在回程中，聽到部屬數說自己的失誤，因此就腦羞成怒地斥責部屬：

「爲什麼不早告訴我呢？」

「既然知道我弄錯了，却又不當場告訴我，是不是存心要讓我出糗？」

這種上司想必也不少，不過這種作法卻是大錯特錯。因爲最爲難的，應該就是做部屬的人。

＊　＊　＊

這時，首先，要向部下道歉：

把客戶的姓名弄錯了！

「唉?!眞的嗎！抱歉，抱歉，讓你沒面子。我也眞是的，竟然發生這種錯誤」。

但如果光是向部下道歉，而不採取任何補救措施，可能會被瞧不起的。因此，最好在知道有失誤時，馬上就想辦法補救，例如，課長也可以當著部屬的面，馬上打電話去道歉：

「陳經理，眞是對不起，我竟然一時糊塗地把您的大名給弄錯，剛剛才被帶我去見您的部屬數說一頓，怪我把他最重要的客戶名字叫錯了。

這事都得怪我那位姓林的朋友，他長得實在跟陳經理您太相像了。」

再說被弄錯姓名的陳經理那邊，因爲馬上接到向他道歉的電話，心情應該會舒爽下來。在一旁聽上司卑屈地打賠罪電話時，屬下也應覺得過意不去吧！

這樣，事情不就平靜下來了嗎？

知道弄錯別人的姓名時，就應該及時向對方道歉，千萬不可因爲難以啓口而拖延時日。倘若以後雜事一忙，很可能就會忘記有此一事，這樣反而使事情惡化。因爲，對方是絕不會忘記被張冠李戴的糗事的。

＊　　＊　　＊

10 拒絕邀宴卻在餐館碰面時，該怎麼辦？

阿西是一個很無趣的人，阿明很不喜歡和他在一起，所以當阿西邀他下班後去吃飯時，阿明就編了個謊話說：「今天很忙沒空。」予以拒絕！

好不容易打發了阿西後，阿明却犯了酒癮，於是約業務課的老陳到公司附近的小館子去喝一杯。

沒想到阿明與老陳喝得正起勁的時候，阿西突然出現了：

「阿明！你不是說今天沒空嗎？……」

很顯然地，這是一個極尷尬的場面，由於事出突然，阿明一時也找不出話回答，只是心想要怎樣才能解消這種尷尬……。阿明他該怎麼辦呢？

。

說謊有時也是權宜之計

既想避免跟對方針鋒相對，又要達成自己的目的，有時候一個「善意的謊言」是非常有效的

像阿明拒絕阿西的邀約，就是使用說謊的權宜之計，因爲不管怎樣，阿明總不能說：「和你這種人喝酒實在是很無聊的事，所以我不去。」

但是阿明才拒絕阿西，却馬上去約別人，而且就在公司附近開懷暢飲　這種情景被阿西撞見了，當然是很傷感情的。

說謊要會自圓其說

發生這種情形，通常就是大家都坐下來喝。而且對第三者出現的理由，一定也要有交待。

「唉呀！眞沒想到會在這裡碰見你！」

「我才眞沒想到你竟然會在這裡喝酒哩！」

「來，來，先坐下來喝一杯再說……

本來今晚約我談生意的人，就在你離開後，打電話來說臨時有急事要取消約會。使得我很懊悔沒有接受你的邀約，等我去找你時，你已經離開了。湊巧碰到老陳，所以就找他來這裡喝一杯

了……」

本來嘛！三杯黃湯下肚，又會有什麼話不好說的呢！不過光是嘴巴講，態度却不殷勤的話，一下就會被拆穿西洋鏡的，那時就是再怎麼撒謊也難以下台了！

第二章　解除尷尬氣氛的方法

●消除尷尬氣氛的三要點

擠公車時，看到自己的斜前方有一個空位，正慶幸著要走過去坐時，不料旁邊殺出個程咬金給搶了先機。

發生這種情形，誰都會覺得很糗，且會故意往另一方向走過去，且做出一副「我並不是要來搶坐這個位子」的樣子。

自己出了一點糗事而又被人撞見時，誰都會覺得很難爲情，這是因爲我們太在意別人的看法。

有事走進會客室，却剛好撞見自己的課長上司正被經理刮鬍子。在這種情況下，自己也會無由的升起一股難以言喻的「走錯地方，來錯時候」的尷尬。

太過在意這種尷尬的氣氛，反而會使自己的處境越糟糕，最好是趕快打出對策。處理這種事情不外是下列三種方法：

①馬上道歉

譬如有人偶然有一時興起逞口舌之快，而講起別人的壞話，卻沒想到那人就站在自己背後。像這種情形，再怎麼辯解都沒有用，最好的，也是惟一的方法就是馬上道歉認錯。

本來嘛，古有名訓說「隔牆有耳」，自己却明知故犯逞口舌之能，要怪也只能怪自己，所以最好是乖乖地賠罪道歉。

②先發制勝

碰見極端不想見的人，這也是很令人發窘的，但是眼看著對方就將從前面走過來，自己又無法迴避時，與其彆彆扭扭地錯身而過，倒不如鼓起勇氣，開朗地先向對方打招呼，譬如說「你好！」「早！」如果對方是自己的屬下或晚輩，也可以說「昨天辛苦你了！」

只要能表現出明朗、心無芥蒂的樣子，不但能消除尷尬的氣氛，甚至可以先發制勝控制場面、左右對方。因此，趕快拋棄難爲情的心理，毅然地以明朗的聲音先向對方打招呼吧！只要痛下決心，這是誰都能做得到的。

③該說的就一定要說

要向部屬或年輕的女職員說教，的確是一件極不容易的事。因爲稍一不慎就會招致對方反抗，造成尷尬的場面。可是，做上司的不能因爲怕弄僵氣氛而默視屬下的錯誤，因此，只要覺得該說的事，就要不客氣地、切實地告誡屬下。

本章舉用十二個例子，介紹如何化解各種尷尬氣氛的方法，希望讀者諸君能善加應用。

1 開玩笑卻遭來怒罵時，該怎麼辦？

田君吃完午餐後，心想時間還早，乾脆回辦公室睡個午覺，沒想到一向忙得連椅子都坐不熱的課長，今天竟然悠閒地在座位上喝冰紅茶。

因爲課長難得這樣悠閒，實在太罕見了，於是田君就一時興起想跟課長開個玩笑。

「哇塞！課長，你中午都喝酒呀！」

要是一般人或許會覺得這個玩笑並不爲過。可是，課長却突然板下臉說：

「你開什麼玩笑嘛！我怎麼可能從中午就開始喝酒呢！」

沒想到課長竟然會生起氣來，田君着實嚇了一跳，一股令人無地自容的尷尬也愀然湧上來。

＜我只不過是想開開玩笑嘛！誰知……＞

那麼，田君這時應該怎麼辦才好呢？

開玩笑要看對方的心情

開玩笑也是人際關係的交流，但必須得到對方的共鳴才能成立。

自己覺得有趣對方却不以爲然，這樣的玩笑，充其量不過是自己在耍寶罷了！

不理會對方的心情而一昧地自我耍寶，是很容易造成激怒對方的。像上述的例子就是。

如果田君能看清課長喝茶時那付不高興的神情，就不致於會想到要和課長開玩笑了。

其實，課長是早上開會時，因爲課裡所提出的企劃案做得不好而挨刮，沒心情出去吃中飯而在辦公室生悶氣。

趕快找出不愉快的原因

當上司直接向部屬擺樸克臉孔時，大都是因爲其部屬的表現令他不滿。這時受到斥責的部屬不但要順他的意思，而且要趕快找出上司不愉快的原因，這樣才能化戾氣爲祥和。

所以，遭到課長這出乎意料之外的斥責時，應馬上道歉：

「對不起，我竟然開了這種無聊的玩笑！」

同時，要趕快回想今天到底發生了什麼事，才使課長這麼不高興。

早上，有什麼事呢？早上課長不是只去開會而已嗎？——呀，對了，一定是開會時挨刮吧！這麼說，問題大概出在課裡所提的企劃案吧！

「我們課裡所提的企劃案，怎麼樣了呢？」

一確定問題點，就大膽地提出。

「那個企劃不行啦！早上開會時……」

彆了一早上的悶氣，課長終於可以藉著這個問答發洩出來，等事情講完時，剛才所造成的尷尬氣氛，也會隨之雲消霧散了。

2 無意間批評對方家鄉時，該怎麼辦？

老林正和一位初見面的客戶談生意。對方看來溫厚老實，總是面帶笑容地凝聽老林的話。一時之間，老林也沒有什麼話題，所以就東聊西扯地談到個人家鄉的事。原來對方是中部人。

「中部眞是一個好地方，有許多風景名勝，南來北往，地點適中交通方便，人情風俗也很純樸，不像北部，雖然很繁榮可是紙醉金迷聲色氣息太重。像北部的女性，雖然出了不少傑出的人材，可是大部分都很虛榮，崇拜金錢……」

突然，對方的表情開始轉爲不悅，並且冷冷地說：

「內人就是北部人呀！」

這時候，該怎麼辦呢？

尷尬一定要當場解消

本來是想討對方歡喜，却一時興起把話說過頭，結果反而惹來對方不高興。有這種經驗的人大概不少吧！

＊　　＊　　＊

以前，我就碰過這種事。某公司的人事主管邀請我演講，聊天時，我們就談到那些演講名人的事。

「有些演講的人，光只是會扯淡，其實一點內涵也沒有。」

「會嗎？」

「譬如說，像林健二的演講的確可算是精彩，可是聽第二次就令人覺得厭膩。還有那陳健的演講也是一樣。看來名字有『健』的，大概都是吐不出象牙的吧！」

本來我還想故作鎮靜地聽下去，最後實在忍不住地向對方說：

「眞抱歉啊！我的名字也有一個『健』呀！」

對方一聽我這麼說，「呀！」地恍然大悟，不禁用手摀著嘴。雖然他的話並無惡意，可是，對我來說，那些話也絕不是很中聽的。

一時乘興而忘記自我的立場，就很容易發生這種錯誤。可是「一言既出」，再怎樣都必須自圓才行。

當時，那位人事主任，做了一個深呼吸後說：

「唉呀！抱歉！抱歉！抱歉！想來這都是小犬不好，我兒子叫阿健，平時就不聽話，令我非常頭痛。所以一談到『健』字，無形中就氣上心頭，沒想到竟然在您面前失言了！」

雖然這個辯解並不見得很好，可是總比尷尬地散場要好。

馬上列舉優點

前面老林的例子也是一樣。

「夫人是北部人嗎？眞巧，我也是在北部出生的呀！」

雖然說謊不好，可是，最好找個藉口表明自己對北部的人情事故是很了解，然後再追加地說幾句北部人的優點：

「北部人外表如此，可是在生活上，卻是很可靠的伴侶。」

3 說曹操、曹操到時，該怎麼辦？

午休時間就快要到了，課長又出去參加業界的聚會。大概就是這個原故吧！辦公室內漂盪著一股閒散的氣氛，幾位同事也閒在一起東家長西家短地扯談，不知不覺間就開始說起課長的壞話了。

陳君做事認眞，個性又開朗，在辦公室裏人緣很好，只是有點冒冒失失，喜歡趁興惡作劇一番。

不例外地，當他聽到大家都在說課長的壞話時，便趁機起鬨：

慘了！　課長聽到我在講他的壞話！

「我也這樣認爲，課長實在是一位老古板，動不動就要拿倫理道德，禮儀規範來數說，他根本就不知道現在是流行、新潮的時代……」

咦！大家怎麼都變得正經八百，規規矩矩的呢？」

當陳君發覺情形不對時，已經大勢不妙了，原來課長已站在自己的後面。

「怎麼，我又那裡不好了嗎？」

課長當場就冲著陳君丟下這麼一句火藥味極重的話，糟了，陳君這下子萬事休矣！

壞話也有程度之分

在會話禮節中，最忌諱的是說人壞話。可是大家大概都不否認，能肆無忌憚地批評別人，是最令人感到愉快無比的。人都有劣根性，明知說人壞話是最要忌諱的事，可是却總忍不住要一吐爲快！

既然如此，明知偶而免不了要對別人說長論短，那何不在說法上多注意點呢？至少要先弄清楚說話的場合和壞話的程度。

▨說壞話時的二個要點

第一是程度問題。如果是充滿個人憎惡情緒的壞話，聽的人可能會有「這說得太過分了吧！」的感覺。

像這樣就已超過限度，說者不但會不愉快，反而會因情緒過於激動而造成反效果。

第二是場合。像上述的例子，儘管上司不在，但在辦公室內總是不好。另外像公司同事常去的餐館或咖啡廳，也都不是談論同事長短的好地點。

陳君的情形不算是說得過度，問題在說話的地點不對。

可是，陳君也不見得這樣就萬事休矣！因爲平時課長對他還很滿意，至少他可以利用這點來挽救。

▨唯有認罪道歉

在這種情況下，無理地強辯只會把氣氛越弄越糟。最好的方法還是趕快低下頭道歉！

通常一位通情理的上司看到下屬誠心認錯時，應該都會既往不咎的，至少也不會讓屬下難堪或下不了台的。

課長聽到陳君的道歉後，反而裝蒜似地說：「這又是怎麼一回事呢？」

既然課長已經故意佯裝不知了，陳君這時就要心存感謝地在表面上唱和著說：

「還好剛才的話沒有被課長聽到，眞是謝天謝地！」

換句話說，就是彼此都裝糊塗，這樣才能化解尷尬的氣氛。

可是事後，必須謹記這個課長明明聽到却放自己一馬的恩惠，而在往後的工作上好好地表現以為回報。

4 別人叫不出自己的名字時，該怎麼辦？

在外面邂逅以前認識的朋友或同事，待上前去打招呼時，却因對方記不起自己的名字，致使彼此尷尬而散。這種經驗應該很多人都曾經有過吧！

例如參加講習會或公司集訓時，碰到過去曾經在一起工作的先輩，於是自己便很興奮地過去打招呼：

「林前輩，好久不見了，您好嗎？」

對方也像看到了熟面孔似地回答，可是寒喧問候的話一講完，對方就顯得很侷促不安而想找理由離開。

假如您碰上述這種情形，您會如何處理呢？

對方是心虛

尤其像演說家等之類經常需要和很多人接觸的人，雖然別人對他瞭若指掌，可是他卻經常無法一下就叫出別人的名字。

通常遇到這種情形時，他們都會很自然、直接了當地向對方請教，譬如說：「您貴姓大名？」「吔——您是哪位呢？」

可是對一般人來說，這種開門見山式的問答，似乎令人很難以啓口。

還有，就是叫不出對方姓名時，既不敢開口請教，又害怕被對方看穿眞相，因此，心虛、不安，於是當然就想要儘早離去。

技巧地說出自己的名字

前面的例子中，那位姓林的前輩，說不定就是心虛而想求去。這時，你就應該很技巧地把自己的名字夾在談話中。譬如：

「最近偶然也會碰到當時跟我們在一起的伙伴，他們還是老樣子，仍然取笑我叫小呆、陳川。想從前，眞是多虧您的照顧……」

「阿川，你現在那家貿易公司上班呢？」

……　……

這樣對方可能就比較能安心，至少不會急著想要打退堂鼓。

人總難免會有忘記別人名字的時候，因此將心比心，即能體諒別人的處境，儘量避免讓別人出糗。

◇想不起對方姓名時的對策

相反地，要是自己想不起對方的名字時，怎麼辦才好呢？這時您可這樣說：

「對不起，您可否給我一張名片？」

「疑！名片嗎?!」

「是的，拜託！拜託！」

或許，一開口就討名片，別人會感到唐突，因此，您要非常不介意似地，等接過名片後，再說：

「以後有機會，我即可很快地憑這張名片與前輩您連絡了……」

然後，你就可以依名片上的姓名來稱呼對方了。

5 名字被叫錯時，該怎麼辦？

名字類似的同事在同一個團體內，經常會有張冠李戴的笑話發生。像王立先生就是這樣。因爲在同一公司內湊巧就有一位前輩叫做「吳立」，因此，他就經常被誤叫錯名字。

今天一位新進的女職員一時疏忽，又叫他做「吳立先生」，他感到非常懊惱，因此就默不吭聲地不理睬對方。

這樣做對嗎？

▨忍住一時的氣憤

被當面叫錯名字，不論是誰都會覺得不舒服。可是當事者在那一瞬間的對應，將會造成極端不同的結果。

中國字有很多同音異字的情形，譬如一個名字叫做「健」的人，難免會有被錯寫成「建」「賤」……。這時候倒可以：

「對不起，我的名字是健康的『健』呀！此『健』非彼『賤』哦！」

名字被弄錯時，這種近乎詼諧的指正方法，反而會令大家皆大歡喜，更加融洽。

＊　＊　＊

一個經常跟自己碰面的人，却搞不清自己姓何名啥，這是很令人不愉快的。可是，這也不是什麼不能忍受的事吧！既然對方記不清楚，自己乾脆再報一次姓名就好了，譬如：

「我是王立呀！這個名字也實在是太平淡，不好記。」

把自己的特徵和名字連在一起

一時疏忽而弄錯姓名的事，似乎屢見不鮮。其中有很多是沒有把對方的姓名和外貌記清楚，所以才造成把別人姓名張冠李戴的錯誤。

無論如何，對被弄錯姓名的人而言，如果不想辦法叫對方記住自己，以後仍會經常有不愉快的情形發生。最好的方法之一，就是把自己外表的特徵和名字連在一起告訴對方。

6　與剛爭吵的人再次碰面時，該怎麼辦？

交待晚輩做事，沒想到他一直擱著不動。催問他原因，他就搬出一大堆理由，推說工作忙，根本騰不出時間做其他的事。於是你很不高興地教訓他，與他發生激烈的爭吵。

沒想到，上天眞是會作弄人，今天一大早就在電梯間碰到這位晚輩。昨天的怒氣猶在心頭，一照面就恨不得想對著他罵一句：

「你這混球！」

因此，平時同事相見時都會自然脫口而出的「您早！」這二個字，一時也就哽在喉間，發不出來。

假如是您的話，您會怎麼辦呢？

沈默反而加深芥蒂

不管如何，佯裝不知或默不作聲，這是最不好的處置。雙方都默不吭氣，只會加深昨天所造成的芥蒂，截斷重修舊好的生機。

有人或許會用有氣無力微弱的聲音向對方打招呼，但總比無言相對好，可是這還是於事無補的。因爲這無形中就好像在告訴對方說：

「喂！昨天的事，我還介意著哦！」

1 開朗的笑容和聲音

前輩要想領導晚輩，就必須要表現出做前輩的胸襟風範，這種情況就是表現的最佳機會。

既往不咎就是一種做前輩應有的胸襟。對於昨天的事，應該表現得像大雨過後的晴空一樣，清朗如洗，不再有絲毫芥蒂。不管心裡有再多的不愉快，也要帶著笑容用明朗的聲音向對方打招呼、問早。

這種明朗和親切的感覺，必定也會使對方很愉快地回禮說早。一旦彼此都向對方問早說好，大家的心情也就會逐漸舒坦開來。

2 別忘了道歉

如果您是人家的晚輩，一旦感覺前輩可能會默不作聲，自己就應該主動先開口。

但是，光說「您早！」還是不夠的。因爲前輩可能還會認爲：「這傢伙大概以爲對我問一下，就可以擺平昨天的事吧！哼！沒這麼簡單，老子還是很不舒服的呀！」

因此，除了問早以外，最好再加一句表示道歉的話。譬如說：

「昨天實在是對不起！」

人有時最怕別人對自己擺低姿態。看到後輩向自己認錯道歉，說不定反而會覺得是自己昨天把話說得太過分了！

＊　＊　＊

或許有人要說：「不過是打招呼問好，怎麼難以啓口呢？」可是像前面的事例，在短時間內就肯拋棄芥蒂與對方交談的人，絕對不多。對那些心眼狹窄的人而言，一句打招呼問好的話，可能比要他的命還難過。

不管對什麼人，隨時隨地都要敞開胸懷，以開朗的聲音招呼對方。尤其是做上司或前輩的人，這也是形成親和力的泉源。

7 大白天卻還喊早，該怎麼辦？

早上上班時，說聲「早！」是很平常的，可是快到中午時候，還對人說「早安」就很奇怪了。

上午十一點多時，小林湊巧在電梯間碰到平常很少交談的陳課長，這時他該怎麼打招呼呢？

中午前最難打招呼

還沒到中午嘛！所以當然是說「您早!!」吧，可是11點多了，已經是不早了呀！像這種還沒到中午卻又說不得「早」的時候，確實很令人傷腦筋。說不定，您就曾經有過這種經驗吧！

一般說來，演藝界或餐飲業的人，因爲工作時間比較特殊，所以不管在什麼時間，只要是當天初見面，彼此都會互道「早」。

要說早嘛？現在已快中午了……

在一般公司中，如果到下午還對人說「早安」，那就很令人覺得奇怪了。

各行各業都有各自的打招呼習慣，只要熟了，就不會有所困擾。但是，難就難在那種正好不早不晚的「中間時段」，像前面的事例，在上午十一點左右才與人打照面，該說什麼才好呢？

說「早安」也無妨

處於這種已經接近中午的時間中，實在很難找到一句適當的打招呼用語。

不過時間既然已離上班有一段時候了，大家勢必都在忙著自己的工作，所以，以關心對方工作情形的心情說「您好像很忙吧！」或「您好!!」這就可以了。甚至乾脆說聲「早！」也無妨，畢竟還沒到中午呀！

或許有人會挑剔說「現在已不早了呀！」這

時則再對他說聲「午安!!」也就可以過關了。

8 才打過招呼卻又碰頭時，該怎麼辦?

早上一上班就碰到前輩迎面過來，於是大聲地向他說「早安!!」彼此心情都很舒爽。可是，上完厠所出來，又碰到這位前輩。

第二次碰面嘛!再說一次「早」也不會覺得奇怪，可是，若還有第三次甚至是第四次的碰面，這時的招呼可就麻煩了。

如果說「再一次，早安!!」「第三次，早安!!」「第四次的早安」……那豈不像章回小說那樣，沒完沒了，讓人覺得奇怪嗎!

那麼，要怎麼說才好呢?

▨分清楚對象

如果對方是跟自己很親近的人，而且當時對方好像心情還不錯，前面那種連續劇似地問早方式，仍不失為增進彼此情感的好方法。

說不定，第三次再碰面時，不等自己開口，對方就搶著說:

需要知道的寒暄的語句

感謝的語句	………「謝謝您」「眞幫了我很大的忙」
歉意的語句	……「對不起」「實在抱歉」 「請勿見怪」「請原諒」
表示慰問的語句	…「辛苦您了」「您受累了」 「眞勞累您了」「實在不好意思啊」

「這次是第三次的早安了吧！」

＊　＊　＊

早上出門碰到鄰居時，當然會向對方說聲「早安」。可是中途折回家拿東西再出門時，又碰到剛才那位鄰居，這時則向對方說：

「呀！這次是第二次的早安啦!!」

想必對方也會覺得這是一種幽默而感到愉快。

笑容或行禮

可是對方是自己的上司時，這種在平輩或鄰居說來是一種幽默的行爲，很可能會被認爲是輕浮的舉動。

因此第一次與上司碰面時，就以明朗的聲音和態度向對方問早。以後再碰面，則用笑容或行禮代替，這或許比較妥當。

9 忘了做上司交待的事時，該怎麼辦？

秦課長是一板一眼從不打馬虎眼的人，因此部屬都對他敬而遠之。對於他的命令或指示，更是不敢推宕延誤，深怕有絲毫的遺誤。

今天早上，秦課長吩咐阿村影印一分去年的業績調查表給他。阿村聽到秦課長的吩咐，當然是二話不說地想儘快完成使命。可是，事情就這麼不湊巧，阿村正想着手去找調查表時，他的電話進來了，然後又有一大堆事要他忙，課長交待的事因此就被擱置一旁。

到了下午，當課長急著向阿村拿調查表的影印本時，阿村才記起有這麼一回事，便吞吞吐吐地回答說：

「這……課長，對不起，我還……」

沒想到阿村話都沒講完，秦課長就拉下臉，怒氣地說：

「算了！算了！我自己來做。」

說完，秦課長就眞的自己動手去找調查表。

這時氣氛變得極爲尷尬，不論阿村說什麼話，都會被認爲是在強辯，反而不好，可是他該怎麼辦才好呢？

上司也有不對的地方

對上司的交待「馬上處理」，確是一個非常有實效的工作原則，不過，事實上却很難如此稱心如意。

「先把手上這件事情做完再說吧！」通常受別人拜託做某事時，一般人都會有這種想法，例子中的阿村就是這樣。但問題就出在阿村後來又忙著做別的事，結果把課長的交待給忘了。

的確，忘記課長的交待是阿村的不對，但就整體而言，這也不能全怪阿村的不是。秦課長也有他不對的地方，至少他並沒有說「什麼時候要調查表」。如果他眞的那麼急，就應該明確地表明。

事情要說明清楚

等課長把資料都弄好以後，再上前去向他道歉：

「對不起，沒想到麻煩課長您親自動手……。早上我的電話一直不斷，怎麼也騰不出時間來。」

這並不是找理由推託，而是做事實的說明。

既然對方是個做事有板有眼的人，一旦怒氣稍過後，應該會發現自己確實沒有明確講出「什麼時候要」的事吧！再則聽到部屬報告的實情後，就不應該再介意了！

即使再嚴肅或挑剔的人，也用不着過分地懼怕。該做的事就儘管去做，其間若是有所錯失，也只要把事情說明清楚就好了。

10 資料錯誤而使上司出醜時，該怎麼辦？

把屬下整理的資料報告影印發給參加開會的人，並根據該份資料做說明。最初進行得很順利，可是講到中間某頁時，與會的人似乎開始有點異樣。

有人竊竊私語，有人則將講義翻來翻去，會場洋溢一股不安的氣氛。站在角落的屬下，也好像顯得很困擾似地低著頭。

仔細偷看一下前面的聽講者，這才發現原來發給他們的講義有遺漏。

第5頁以後就是第7頁，第6頁竟然沒有夾上去，很顯然地，這是屬下的錯失，可是事情已經發生了，應該怎麼辦才好呢？

▨上司應該加以掩飾

這是經常發生的失誤，本來也沒什麼可大驚小怪的。要是做上司的人當場就慌張無措，或感情用事地當場指摘屬下的錯誤，這豈不是更令部下難過並且羞愧的無地自容。

假如當事者的部屬能機靈地說：

「對不起，講義缺了一頁，請稍等一下，等會兒馬上補發給各位！」

事情也就不會怎麼難堪。

倘若當事者的屬下遇到這種突發狀況，一時難以應變，又再加上上司嚴厲的叱責，豈不是更讓他不知所從，而且破壞整個會場的氣氛。

拖延一下時間

上司應該要會掩飾部屬的失誤！

遇到這種情形，不妨這樣說：

「呀！第6頁好像給老鼠偷吃掉了，好吧，這部分的說明就先跳過去，等後面都說過後，我們再回過頭把這部分交待清楚。」

然後再暗示部屬趕快去準備缺漏的第6頁。

◈不要再度指責部屬

事後，如果那位屬下已經知道自己犯錯，就不要再特意地把他叫過來斥責，當做沒有這回事的樣子，部下反而會因此而自責自省。換言之，這就是一種「無言的指摘」。

犯錯的當事人已經有所自覺並深自反省時，即使仍要給予指責，也應該淡化。否則，無形中會使他的情緒受到嚴重的刺激，轉而變成惱羞成怒。

更何況是在會議席上那種衆人環視的場面中被指摘，當事者更會有面子盡失，以後無顏見人的感覺，很容易逼使他走向極端。

不再指責，並非是縱容部屬的犯錯，而是要藉那種不指責的無言狀態，促使部下自我反省。

11 被指責的女職員掉眼淚時，該怎麼辦？

陳先生的部門裡有三位女職員。有一次，陳先生要求她們重作報告時，沒想到其中最資深的林小姐却哭了……。

事情的經過是這樣的。陳先生看過三位女職員的資料整理報告，覺得不滿意而要求三人重寫。

第二次呈上來的報告書，陳先生還是不太滿意。加上看到二位資淺女職員那種不夠愼重的態度，於是，他也一時忘了含蓄而扳起臉說：

「不行啦！還是沒有把重點寫出來……」

正當陳先生抬起頭想說「再重寫一次」時，却看到資深的林小姐一臉不服的神情，情緒激動地說：

「我……再怎麼也不重寫……」

說著，眼淚就噗束地掉下來！一時之間陳先生也不知如何是好？

公私要分明

不只陳先生會茫然無措，一般男性上司遇到這種情形也大都會如此。在男性潛意識裡認爲，女性的眼淚就是「都是你不好」的暗示。

公司是工作的地方，不應該摻雜個人的情緒。如果因爲挨駡就掉淚哭泣，這就是公私不分。一哭天下無難事，這只是一句笑話，尤其對女職員而言，絕對是有害無益的。上司在平時就要灌輸部屬這種觀念。

和氣婉轉

男性上司遇到這種情形時，應溫和地說「妳也用不着哭嘛！」「我也說得太過火了！」氣氛該很快就會好轉。萬一有旁人在場時，則要稍微避人耳目。

這時最好先靜下來，讓理智恢復，例如，站起來眺望一下窗外景色或喝一口茶……等等。

等氣氛冷靜下來時，再向對方和氣地說：

「這是辦公作事的地方，希望妳不要哭……剛才我的指示或許說得不夠清楚，現在我再說明一次……」

對女性屬下，最好避免用直接否定的話語。與其說「不行」，不如婉轉地說「這樣做或許比較好」。

第三章　如何消除別人對自己的誤解

●為什麼會被誤解

商界是由形形色色的人所聚集成的，每個人的立場不同，工作性質也不一樣。在這衆人聚集的工作場所裏，總會發生一些意想不到的誤解，甚至是摸不著頭緒的糾紛。

當遭人誤解時，工作進行就會顯得困難重重，不但是自己的損失，還會影響到團體的利益。所以必須具備一套化解誤會的說話術。

在進入主題之前，首先談談造成誤解的幾種原因。

①言詞不足

有的人不管是在表達訊息，或者說明某些事情時，常常在言詞上有所缺失，結果弄得只有自己明白，別人一點也搞不清眞相，這種人就是缺乏「讓對方明白」的意識，以致容易招來對方的誤解。例①和②就是典型的例子。

②過分小心

有的人不管什麼事，都顧慮過多，從不發表意見。因此，個人的存在感相當薄弱，變成容易受人誤會的對象。

這樣的人總寄望對方不必聽太多說明就能明白，缺乏積極表達自己意見的魄力。對於這種類型的人而言，含蓄並不是美德，這一點要深自反省。

③自以爲是

另一種人是頭腦聰明，任何事都能辦得妥當，但是却經常自以爲是，我行我素。即使著手一件新工作，也從不和別人照會一聲，只管自做主張地幹活。這麼一來，即使自己把工作圓滿完成，上司及周遭的人也不會表示歡迎。

④外觀的印象不好

人對視覺上的感受印象最深刻。雖然大家都明白「不可以貌取人」，但是，實際上雙眼所見的形象，往往成爲評判個人的標準，這個印象可能是造成誤解的原因。如果讓周遭的人有了不好的印象，且造成誤解，若不早點解決，恐怕不好收拾。

⑤欠缺體貼

縱然只是一句玩笑話，但若造成對方的不快，恐怕也會導致意想不到的誤解。甚至是一句安慰、犒勞的話，如果對方接受的方式不同，也可能變成誤解。因此，在說話之前，一定要先考慮對方的狀況以及接受的態度。

1 被指責「來得太慢」時，該怎麼辦？

客戶的電腦發生故障，打電話來希望快點過去修理。於是急急忙忙準備一番，大約二個鐘頭

你來我往地針鋒相對容易遭來大誤會。

結果，前脚才踏進該公司，對方的課長就發牢騷：「太慢了吧，搞什麼嘛！」

「應該只須花一個鐘頭，到底在幹什麼！」

「但是，早一點來也辦不了什麼事啊……」

「你們這算是什麼態度！」

一說完，課長的臉刹時鐵青得嚇人。

容易遭來誤解的謊話

他的話事實上一點都沒有錯，而且態度也不唐突。

一般電腦發生故障時，須先調查以往的事例，掌握故障的程度。否則，急急忙忙地過去也解決不了事。

但是，以不了解實情的客戶立場來看，那樣的說法的確容易遭來誤解。

若是這樣，應對自己的說明不足表示歉意。

總之，首先要先解決當場不快的氣氛。

表示因匆忙而說明不足的歉意

「我也是匆匆忙忙趕過來，所以，在說明上稍嫌不夠，請多多原諒。」

然後，大約地說明在確認電腦故障時，所必須耗費的時間。如果，對方還是喋喋不休的話，就把話題轉入本題：

「現在要趕快來修理電腦了。」

這個例子的處理重點是，要強調「自己是一時匆忙才說明不足而引起誤會」。

2　客戶老是抱怨時，該怎麼辦？

負責機械修理的技師，現在並不只是修理機械而已，定期的售後檢修也是他們積極參與的服務之一。

但是，最令技師A傷腦筋的是，到客戶那兒做定期檢查時，反被誤解爲「機器又故障了」。

負責該業務的職員心裏清楚是怎麼一回事，但是，他的上司或同事只要經過機器旁邊，多半都是這樣的表情：「怎麼又故障了？」

讓客戶全體都明白來意……

如果處理不好，公司的形象就受損

一般的公司若是有技師進來，多半會被誤爲是機器發生故障。這和警察進來，大家以爲發生事故的情況是一樣的，這是因社會對職業抱持的印象所造成的。

所以，如果不把一般人以爲技師＝故障修理的觀念改正，不但售後服務的苦心不被領情，一旦有什麼不滿時，還會借機發揮。

要強調是來做「定期檢查」

首先應反客爲主，讓大家了解你來的目的。不妨大聲地，使周遭的人都聽得見地說：

「大家好，我是來做定期檢查的」

然後，在旁邊貼一張「定期檢查」的條子。

當有人經過時，如果是一副以爲「又故障了

？」的神情時，就要主動說明。

「爲了減低故障率，故前來做定期檢查的服務。」

檢查完畢時，要對負責人及上司簡要地說明，①爲使機器保持最好的狀況，以後仍會經常來做定期檢查，②今天做了〇〇部分的檢查。

如果以含混的言詞說明你的服務內容，多半容易遭人誤解。

3 指正客戶却遭來反感時，該怎麼辦？

好不容易把一大堆工作告一段落，正想鬆一口氣時，隨身呼叫器却又響了。打電話回公司，原來又有一家公司的機器發生故障。於是趕忙再飛奔到Ａ公司。

詳細檢查Ａ公司故障的機器後，發現是因該公司的操作失誤所造成的。

因此，用極友善的語調糾正他們說：

「這樣的使用法容易出毛病哦！」

不料對方却怒氣冲冲地回了一句：

「神氣什麼，影印機又不是你們獨家專賣！」

機器故障時顧客的心理也發生故障

整天到處修理機器，到傍晚不但精疲力倦，心情也跟著煩躁起來。這時候，如果碰到是顧客胡亂使用機器，才把機器搞壞時，忍不住也會滿肚子火。

所以，無意間常會把這樣的情緒表露出來。

站在顧客的立場，影印機故障無法影印，工作因此停頓……明天一早要交的報告來不及……心慌意亂，希望趕快前來修理。

其實機器發生故障時，顧客的心理也故障了，稍微一點小事都容易發怒。所以，你必須理解顧客的心理，善加應對才是。

轉換一下氣氛，顧客心情也會好轉

首先必須轉換一下氣氛。當您到達客戶那兒時，要立刻大聲地說：

「來晚了，眞抱歉！」

然後就趕快動手檢查機器。

機器修理完畢之後，要向顧客說明故障的原因。

「以後，請留意這邊的使用方法。我以後每個月會來檢查一下，這樣影印出來的文件一定會清晰漂亮。」

這麼一來，不僅是機器，連客戶的心也修理好了。

同時，臨行之前，要記得留下幾句甜言美語，客戶一定會非常快樂。

＊　＊　＊

「其他還有什麼不順暢的地方嗎？」

加上這麼一句時，顧客心裏一定高興地想：

「這家公司的服務眞週到。」

「技師的態度很好。」

4　被上司指責不懂規矩時，該怎麼辦？

K君個性較含蓄，做事總是客客氣氣，向課長借閱文件後，看上司似乎很忙，於是就把文件放在桌上轉身回到自己座位。

不久，課長走到跟前來：

「你已經看完文件了？」

「啊！是的。」

「你啊，眞不禮貌哦！」

本來是存著好意却被認爲不禮貌，怎麼辦？

不明白表示就會遭來誤解

對個性含蓄的人而言，事情不必要說得那麼白，但是，這却是遭來誤會的原因。認爲是美德的含蓄，却不能清楚地把自己的心意傳達給對方。

主動地先把事情解釋清楚

當上司走到跟前來的時候，要立刻搶在前頭說：

「課長，謝謝你那份文件。」

不過，僅這句話還不夠，必須接著仔細說明：

「受用很大啊。剛才您正忙著，所以不敢打擾，眞對不起。」

一大早到公司也要大聲地打招呼說「早安！」。這個習慣養成後，不必要的客氣就可以消失，做起事也會大大方方不委縮。

5 謙虛之詞却被當眞時，該怎麼辦？

老早就想嚐試的工作，終於等到上司問起「要不要試試看？」其實心裏好想試，不過，在口頭上却謙虛地說：「我怕會承擔不起。」不料上司却信以爲眞地回答：「那麼，我找別人來試好了。」

如何再抓住第二次機會

這是因怕被看輕，故做謙虛而遭誤會的例子。

「想嚐試却臨陣脫逃的男人，不會再有第二次機會。」

這是莎士比亞的名言，希望大家謹記在心。

誠實地表示「請讓我試試看」

大多數的上司對部屬的性格都能揑拿個十之八九，會佯裝不懂部屬的心情，多半只限在雙方關係不好的時候。這個例子的上司，其實也很了解K君的心意，所以，當上司沈默時，要老實地表白自己的心意。

「對不起，還是讓我試試看吧！」

如果平常與上司的關係還不壞，應該會答應才是。

6 被誤解是明知故問時，該怎麼辦？

新進職員到公司三、四個月後，對工作的環境及周遭的人際關係都已經有粗淺的了解。

有一天，一位新職員在快下班的時候，向旁邊的前輩問：

「前輩，今天要加班啊？」

不料前輩却回答說：

「看了不就知道了嗎？新職員眞好，也不必加班，眞逍遙啊！」

「………」(不知如何應對)

對這麼突如其來的反應，新職員愕然楞在一旁。

若是你會如何打圓場？

▨談話的「決定權」在聽者一方

在談話時，如果一方有意仔細說明，另一方却聽不進去，根本無法進行溝通。縱然一方心存好意來談話，另一方却把意思誤解，也是碰釘子罷了。

談話的效果，是由聽者一方來掌握。

不觸怒鬼神，鬼神就不做祟……萬一觸怒了怎麼辦？

這個例子也是因「聽者決定權」而產生的誤解。一天忙到晚，還要留下來加班的上司，心裏正鬧彆扭。

好意的一句安慰，却碰到對方心情不好，平白地成爲對方的出氣桶，像這一類例子也不少。

帶著誠意表示要幫忙

打招呼之前先觀察對方的狀況，這一點最重要。不過，在這個例子，既然已經遭惹對方生氣了，只有考慮善後對策。

先打招呼，却遭來對方的不滿時，只要這麼打圓場就可以了。

「對不起，我是想能不能幫上一點忙……」

不要覺得氣餒，大大方方地說才好。

如此一來，前輩才會發覺原來是這麼一回事。

「哦，這樣啊，那麼，能不能幫我整理一下這個。」

雙方的關係馬上就能重修舊好了。

7 漠視別人加班的辛勞時，該怎麼辦？

到客戶那兒接洽生意後，回到公司已經下午6點了，公司只有一位女職員還留下來工作。

「可以早一點回去嘛，眞認眞啊！」

心裏存著這樣的想法，卻說成：

「咦，怎麼還在公司？」

不料對方卻一臉的不高興，忿然地說：

「現在就回去！」

▨欠缺對女性的體貼

本來是存心想安慰她，卻反而惹她生氣。這樣下去，不但被她誤會，也會影響到以後的工作。

問題出在「怎麼還在公司？」這句話上。

說這種話一定讓女職員討厭！

①拂逆女性心理的話

「臉色不好哦」「沒精神哦」「怎麼，還留下來啊」
「到公司幾年了」「多大年紀了」「沒好對象啊」

②不夠體貼的話

「現在閒著吧，這個整理一下」
「以前那位職員的話（拿來比較）」
「不像女孩樣」「你不行吧」
「又搞錯了，眞沒辦法」

③粗野而遭至反駁的言詞

「喂！喂！」「啊，等一下」「這個女的」
「喂！拿茶啊」「快點拿茶來啊，快點啊」
「別拖拖拉拉的」「笨蛋，搞什麼啊」

這句話聽在對方的耳中，好像是「怎麼不快點回去？」，何況又加上「咦！」的疑問詞，難怪她會有那樣的反應。

如果是男同事之間的交談，也許一句「怎麼？不行啊！」的玩笑話就帶過了，但是，對方是女性，而且又不是活潑開朗的個性。

很明顯地，是他的措詞不當。

用吃驚的語氣大聲地道歉

不容間緩地，要立刻表示道歉，並且要用令她吃驚的音量，大聲地賠不是。

然後，做一次深呼吸，再委婉地說明。

「我說錯話了。其實我是覺得讓妳留下來工作眞不好意思。哎啊，我的嘴眞笨哦！」

大多數的情況下，對方聽了這番話後心情都會轉好，接著再交談幾句就沒事了。

消雲散了。

如果，對方仍舊不理時，那就不要再說下去，隔天早上，碰到她時，先向她大聲地問早就煙消雲散了。

8 一番好意卻被潑冷水時，該怎麼辦？

上司在公司辛勤服務多年，公司方面爲犒勞他，便讓他到海外出差一個月。想預祝上司能有一趟痛痛快快的國外行，就這麼說：

「把公司的一切雜務忘掉吧，好好地到國外鬆弛一下筋骨。」

不料上司却嘲弄地回答：

「我這一次出差，你們不是正高興討厭鬼終於不在公司了嗎？臉上明明是歡天喜地的樣子嘛！」

慰問的話也可能被誤解是諷刺

自己說的話，全憑對方決定它的含意，這是前面提過的「聽者決定權」。芸芸衆生形形色色互不相同，想法也是人人各異。

因此，如果不仔細衡量對方的接受態度，一句慰問的話也可能被誤解是諷刺。

「眞是怪脾氣的上司！」與其這樣埋怨上司，倒不如下功夫研究，該如何把自己的心意傳達給對方。

1 先強調「上司不在就群龍無首」

「您一個月不在公司，老實講，我們眞不知道該如何處理公事。」

要這樣表示上司的重要性。

「把公司的事全忘掉……」這樣的說詞，聽在對方的耳中，好像是他一點重要性都沒有。把上司的存在捧得高高時，上司也許會說「啊！只要你在公司，我就放心了。」

「課長這樣說，我一定加倍努力。希望課長這一個月的海外出差也能大有收穫。」

「喂！大有收穫，可不是要去玩得哦！」

「啊哈哈，是啊，是啊！」

「不過，總得找個機會輕鬆一下。」

如果能這樣的應對，上司心裏一定會覺得部屬是眞誠關心自己，而大爲心慰。

2 話裏帶刺時，就誇張地否認

像這個例子，已經讓上司挖苦了，該如何打圓場？

「我沒有這個意思啊！」

如此動怒地回答很難收場，倒不如誇張地否認。

「課長您言重了，您一不在公司，我們都不知道該怎麼辦啊！」

接著再說：

「不過，怕這麼說讓您擔心，才裝得一副嘻皮笑臉的。」

「你的嘴眞甜啊！」

「不，是眞心話啊！」

用一副誠懇的表情訴說以加強效果。

9 打招呼却被誤爲嘻皮笑臉時，該怎麼辦？

公司人事異動後，在新的工作環境也將近一個月，對周遭的人事也稍爲有點了解。

某一天，課長迎身前來，於是趕快擺出一副笑臉向他問早。

這位課長腦筋好，又是行動派人物，大家都對他敬畏三分。不料該課長却這麼指責我：

「怎麼一副嘻皮笑臉的樣子，正經一點啊！」

向他打招呼却反被訓了一頓，該怎麼辦才好？

▨先留意自己的舉止與裝扮

人對視覺上的刺激，所受的影響極大。因此，第一印象是很重要的。

根據調查，在五官當中，視覺所受的刺激大約佔百分之八三，可見它的影響力有多大。視覺上所得到的印象，並不代表該人的全部，所以，也就容易造成誤解。有時候自己也不清楚爲什麼會惹對方生氣，但是，對方却有令他生氣的理由。所以，平日多留意自己的舉止可能帶給他人的印象，才是減少誤會的治本作法。

▨1 說明「嘻皮笑臉」的表情是天生自然的

這個例子中，碰巧在旁邊的前輩，適時地做了解釋，「課長，他平常就是這副表情。」周遭的人不由得大笑，聰明的課長立刻會意過來，「哦，原來你就是K君啊！」「是的，來這個部門才一個多月，有很多地方，還希望課長多多指導。」K君這種應答方式非常好，所以，誤解就當場煙消雲散了。

▨2 縱然是無妄的誤會也要先道歉

如果同事當場不爲自己解釋，要先說一聲「對不起」，再接著說明。

「不知道爲什麼，大家都這麼說。但是，我從沒有這種意思……」

最後再提及自己到新部門才一個月之類的應答。

＊　＊　＊

另外，工作場所總是希望生氣蓬勃，所以，笑容與動作的靈敏也是不可或缺。

如果是在大家都已經熟練的工作場所內，自己的形象多少已經定型。不過，在新的環境下，最好特意地讓自己的表情、態度都能洋溢著活力。

10 認眞工作却遭指責時，該怎麼辦？

一個不錯的企劃，而且多方收集情報。自己暗地裏感覺處理得不錯時，却被前輩指責道：

「我總覺得你的工作態度有問題。」

對於這件事你並不放在心上，但是業績評定時，却比其他同事降了一級。

「爲什麼？」A君一點都不明白。

▨要先消除周遭同事的「不信任感」

有的人在公司拼命幹活，從來不偷懶，但是却一直不被賞識。

有些人會認爲是「他不走運」，但是，這大多數是由誤解而造成的。問題在於爲什麼會惹來誤解。

可以想見的是，A君的行動也許是造成反效果的印象吧！自己覺得做得不錯，但是也許就有這些個疏忽，譬如：①自以爲是，②不做事前的連絡、協商，③突然搞一個企劃，沒有持續性，④到處走動，經常找不到人……等等。因此，上司、前輩在心裏就會心生疑惑「他到底在搞什麼鬼啊！」到這個地步，好不容易下的辛苦功夫，都會成爲泡影。

讓上司明白自己的工作態度

找出問題點後，要立即以行動解決。

儘可能地找個機會，跟上司好好地溝通。

「事實上對於這次的考績，我覺得有點不平，不過，經過反省，也許是自己的問題所造成。」

先做這樣的解釋後，再具體地舉出自己以往的工作內容，讓上司了解眞相。說不定上司對你的工作情況，只知道其中一小部分而已呢！

「今後我會留意，多做事前的連繫與協商工作，希望上司您多多提拔。如果，您有什麼覺得不妥的地方，就請多方指正。」

用坦率的態度向上司請求。

上司一定也會在內心裏想著：

「原來是這樣喔，他也是認眞地在工作啊！」

因此而一改對你的評價。

＊　＊　＊

當然，以後在做事時，必須使上司清楚你的去向與工作內容。換句話說，要徹底地改正以「自我」爲中心的處事態度。

11 被冤枉傳播謠言時，該怎麼辦？

有一位別課的同事，現在對自己的態度顯得非常冷淡。心裏覺得奇怪，向幾個人打聽之後，才發現他對自己有誤會。

「他的人太好了！」

我確實會對別人說過這句話，不料傳言有誤，聽到他耳中竟然變成「他是個笨好人」了。

傳達遊戲

「我根本沒有這個意思啊……」

儘早和當事人溝通

在玩傳話遊戲時，大家都有過這樣的經驗：一句話傳到最後，意思一定出入甚多。

所以，要明白在當事人不在場的地方，即使讚美的話傳到他耳中也會變質。如果不儘早找當事者好好溝通，恐怕事態會惡化下去。

找個時機當場表白

首先要找一個可以輕鬆交談的時機。譬如，中午休息時間，當他要去餐廳時，就在路上和他碰頭。

招呼他的時候，千萬不要畏畏縮縮，吞吞吐吐，要用開朗的語氣和他打招呼。

若他仍是一副不愛理人的樣子時，千萬別介意，應直截了當地表白：

「你誤會我了。我怎麼會說你的壞話呢？一定是有人故意歪曲事實。」

像這樣堂堂正正地表白就可以，充滿自信的態度——表示是遭到無妄之災——直截了當地解釋，對方一定會恍然大悟。

接著不用再多做說明，稍爲沈默後，再展露以往親近時的笑容，定定地看著對方。

這時候，他的心會慢慢地打開並接受你。接下來，你只要說：

「那天我們再去喝一杯！」

一切的陰影都會化解開來，重修舊好。

12 被指責是跟屁蟲時，該怎麼辦？

S君站在前輩的立場，必須帶領後進，同時身兼上司與後進之間的橋樑重責。但是，却有幾名後進說：

「前輩專會對上司打哈彎腰。」

「前輩是雙面人，常常和上司竊竊私語，不知道在說什麼。」

到底該如何化解這樣的誤會？

必要時可陳述自己的意見

有時候可找一個雙方都在場的時機，陳述自己的意見。場所最好是在課內的會議席上，並且是衆人在場而上司的態度不明時，清清楚楚地表達自己的立場。

「課長的態度，讓我實在毫無立場可言。我已經盡自己最大的努力來擔負溝通傳遞工作，今後，希望能另找他人代理。」

這樣一來，上司也會猛然警醒自己的優柔寡斷。後輩們見到這樣的態度，也會肅然起敬。

不過，如果平常不太受上司信任，這樣的應對就很危險。要以上司的十足的信賴感爲條件，才能表現如此強硬的態度。

第四章　拒絕別人的說話術

●說「不」的秘訣

在工作場所中最寄望的就是，大家能夠互相幫忙來完成工作。如果有一位熱心公益的職員，隨時肯幫助別人，一定受到大家的歡迎。相反地，如果一個人對任何事都避之唯恐不及，一點都不參與協助工作，一定受人嫌棄，最後形成孤立的情況。

互相幫忙是在所難免，但是，凡事都一一應允，也會搞得一籌莫展，反而給別人帶來麻煩。話雖如此，如果拒絕得不好，恐怕會遭來埋怨。事實上，原因是出在「拒絕的說詞」不容易啊！

接下來就列舉幾個拒絕別人的技巧：

①先表明態度

有的人對於要拒絕或是接受，在態度上常表現得曖昧不明，而造成對方一種期待。雖然想表示拒絕，卻又講不出口。

聽別人幾句甜言蜜語，就輕易地承諾下來的舉動，也是自己態度不明確所造成的。

②想辦法緩和對方對「No」的抗拒感

雖然說 YES NO 要明白表示，却也不是叫你毫無顧慮地就表示「要或不要」。語氣強硬地說「不行」、「沒辦法」，是會傷害對方的自尊心，甚至遭來對方的怨恨。

對別人的要求要洗耳恭聽，對自己不能答應的事要表示抱歉。體諒對方拼命工作的苦心……這些都是在你回答「不」之前所應思考的。尤其當要求的對方是上司時，說話更要留餘地。

③提議其他的辦法

幫忙與拒絕，看來似乎是兩個極端的態度，不過，依做法的不同，兩者仍有共通之處。換句話說，當你一方面表示拒絕時，一方面替對方想辦法。譬如，「下禮拜我可能有空」、「找A君試試看」等等，表示你的關心與協助的誠意。

④表現愼重的態度

對越親近的人越不容易說出拒絕的話。因此，想表示拒絕時，不要在輕鬆親近的氣氛下，必須表現愼重、嚴肅的態度。

⑤考慮時機問題

一碰面就先表示自己抽不開身……等等，由自己主動地傳達沒辦法幫忙的意思。

1 有急事在身却被挽留時，該怎麼辦？

把一天內訪問的件數增多，而減少訪問的時間——。

最近上級指示要嚴格處理時間的調配，所以，不得不如右所述地行動。

那一天，爲了配合下午的訪問行程，想把近午A公司的訪問提早結束，然後依計畫，下午第一個目標要到B公司拜訪。但是——

「剛好中午了，怎麼樣？要不要一起吃中飯？」

與A公司這位課長平常交情不錯，又是非常重要的客戶，不能輕易地拒絕。但是，和這位愛聊天的課長一起吃中飯，鐵定要磨到下午一點才能走。怎樣才能不傷和氣地拒絕呢？

▨不經意地表示匆忙的樣子

今後對業務員所要求的課題是，如何在短時間內說出自己的眞心話。對於步調緩慢的人而言，這實在是相當吃力，不過，如果有心嘗試，也並非不可能。

但若是一副坐立不安的樣子時，反會令人懷疑，到底來這裏幹什麼？所以，一定要學得一套巧妙的說話術，在短時間內把正事辦妥，並且受到邀請時，能不傷和氣地拒絕。

在對方表示「要不要一起吃飯？」之前，就要不經意地表露匆忙的樣子，千萬不可以表現得唐突。自然地看看手錶，慢慢站起身來……。這種自然不做作的態度，平常就要訓練好。

▨▨讓對方察覺自己接下來還有工作

要拒絕邀請時，首先要表現出困惑的神情。先道謝，再接著說：

「眞可惜，下午一點我和別家公司已經約好了。難得的機會却不能享用，眞是抱歉。」

這樣的說明，洞察力高的人也會順水推地說：

「啊，是這樣啊，你也夠忙的了。」

如果碰到心地好却腦筋遲鈍的人時，會以爲你是客氣。

「有什麼關係，只是吃個飯，立刻趕過去還來得及。」

這時候就應該再說一聲謝謝，然後以莊重的態度說「眞對不起」，臉上帶著微笑告辭。不要再說一大堆理由，離去時的果斷，也是拒絕的要件之一。

2 怕喝咖啡却被招待咖啡時，該怎麼辦？

到客戶那兒拜訪時，被接待到會客室，對方端出咖啡招待。慘了，我最怕喝咖啡。「怎麼辦？」正苦惱的時候，對方的上司出現了。

「負責的K君今天剛好出去，所以……」

原來由課長來處理啊……。依形式彼此先交換名片，一坐到位置上，「啊，請用咖啡。」

課長伸手示意來招待我。

「啊！謝謝。」

「不敢喝咖啡，怎樣應付才好」

哎呀，眼前的咖啡該怎麼辦呢？

咖啡滴口不沾是對對方失禮

應對的方式有下列三種。

①立刻進入正題，不動咖啡。

②對方的好意不可違背，只好硬喝下去。

③馬上撒謊說：「對不起，今天四處拜訪，已經喝了五杯以上了……」

這個情況下要採用③的方式。

有時候「說謊」也是權宜之計。②是勉強自己去迎合對方，所以不在考慮之列。如果用①的方式，該課長若是不易相處的人，今後可能會惹出一些麻煩。有的客戶會把這樣的人，批評爲不懂禮貌的傢伙，在背地裏大發牢騷。

因此，必須假藉某些理由來拒絕。問題在於該怎麼捏造理由呢？

▨▨「說謊也是權宜之計」——臨機應變

「我不敢喝咖啡。」

這雖然是實話，却容易造成對方的不快。如果是經常往來的客戶，向他表明「對咖啡不感興趣」，倒也無妨。只是面對初次見面的課長時，說謊不失爲權宜之計。

希望您用③的方式來回答。

3　被人情關說時，該怎麼辦？

某一天，碰到一個自稱是「某公司〇〇課長介紹」的業務員。介紹者是敝公司大客戶的課長，如果不給他一點面子，恐怕會影響到交易。

心裏想著眞是倒楣，帶他到會客室時，原來是推銷空氣清潔器的業務員。

「據說貴公司的營業處有好幾十家，如果能統一採用敝公司的清潔器材，將會受惠無窮。××課長也說請您多多捧場。」

對方禮貌周到，提出的參考目錄又非常詳細，眞不知該如何拒絕。但是，產品價格和其他公司比較起來，實在是太貴了。

回去。

要留意不要給介紹者沒面子

對於曾經受到照顧的人、大客戶、總公司，或自己公司幹部介紹來的業務員，最不容易打發回去。

如果是介紹者直接拜託，還可以判斷出應對的方式，但是，只憑一張名片，實在難以抓住介紹者的心理。有的也許只是隨意的允諾，不過，有的卻眞的是期待因自己介紹所發揮的成果。

不管事實如何，一定要留意避免傷到介紹者的面子。基於這個要點再來考慮拒絕的方法。

1 叫負責人出頭代打

總之，要仔細聽對方說明，不可以一副商場老將的樣子，指摘「這個價格不太妥吧」，表現出拒人千里的態度。

仔細地聽完說明後，拿起目錄看一看，再用下列方式之一拒絕。

第一是，如果有接待此類推銷員的專屬負責人時，就叫該負責人出面代打。

「我們每個部門都有專屬負責人決定這些業務事宜，我請他來和你談談。」

接著站起身來，交待負責人妥當地應付。不過，並非自己躲避起來，叫負責人去收場。必須自己也在場，用二對一的方式比較好拒絕。

▨2推說要由會議決定

第二種做法是：「貴公司的產品確實不錯。不過，如果我們各個營業處都要採用的話，光是我一個人是不能決定的，必須等會議討論之後才能給您答覆。總之，我們會跟你連絡的。」

把對方希望大量購用的意願當做藉口，以必須由會議決定來拒絕。

會議是由多數人決定的，這麼一來，既不會傷到介紹者的面子，也可以輕易地說「No」。

4 客戶的上司親自來遊說時，該怎麼辦？

批發商中的一位業務人員帶著上司前來公司，要求擴大採購網。S君有權處理採購等各種事宜，業者一定是清楚這一點才前來遊說的。

但是，S君却不能答應，怎樣拒絕才好？

▨不可掉入的圈套裡

一不留心，就會被對方那位老江湖的上司牽著鼻子走。

不過，問題該如何對付……。

如果表現出一副在上位者的驕態，或者誇耀自己的權限時，即中了對方的計。當他們把你捧得高高在上時「那麼希望您大力相助了」。

這麼一來，「No」就不容易出口了。到這個地步，簡直是自掘墳墓。

用三段式作戰來處理

第一要留意的是，用嚴肅的態度保持距離。

幸好對方不是經常接觸的人，所以，突然一副拒人於千里之外的態度，也不會顯得做作。

「經常受您們的捧場，眞是感謝萬分。」

禮貌地表示謝意以拉遠距離。同時故意離開對方一步，或者互相面對面的坐著——用物理上的條件，製造對方不易請求的情況。

第二，當對方採取低姿勢時，自己也把姿勢壓低，高高地把業者捧在上方。

「貴公司的交貨期準確，不良品也很少，實在大爲佩服。」

「在衆多業者當中，貴公司和B公司算是其中的佼佼者。如您所知的，敝公司這類商品主要由您們和B公司兩家供應。」

用這些話提醒他們，自己公司的商品採購量有比例問題存在。

第三，告訴他們擴大採購量，並不是自己一個人可以決定的。

「關於商品的採購內容，不是由您一手包辦嗎？」

當業務員從旁插上這一句時，不要理他。

「那裏，這要和上司商量，並且透過開會才能決定。」

縱然有權責在，一旦著手擴大採購量的問題時，仍是要和上司商量，這並不是在口頭上唬對方。

提及會議等問題，就可以扼止對方無休止的請求。

5 被指責出爾反爾時，該怎麼辦？

T君在年輕一輩的職員當中是屬一屬二的幹才，而且相當認眞，大家對他的前途都頗爲看好。

有一次，別部門的大學學長，邀他加入由幾個志同道合的職員所組成的研討會。

T君覺得這個主意不錯，當場就欣然應允。但是，碰巧上司交待他一件預定在秋天做廣告的重要企劃。這麼一來，和學長約定好的研討會就無法參加了。於是，趕緊打電話連絡。

「到現在才說，不是叫人頭大嗎？」

學長的語氣中帶著強烈的不滿。

「答應的事卻又反悔，你也太隨隨便便了！」

這麼被數落，實在忍不住要給予反擊。但是，你會怎麼處理呢？

要體貼被拒絕者的心情起伏

以邀請者的立場來看，當對方答應的時候，心裏會有一股篤定感，並且十分感謝。但是，當事情如預定般進行時，却又被拒絕時，會不由得覺得錯愕，進而感覺失望與憤怒。

人多半是以自我爲中心的，不會考慮拒絕者的情況，只會一味地埋怨對方是「不可靠的傢伙」、「把我看成什麼人了！」

於是，從此不再拜託對方，並且懷恨在心。

當你一旦應允後又要拒絕時，一定要能了解被拒絕者的這種心情波動，以免日後凡事被對方記恨在心裏。

立刻到學長那兒謝罪

這個例子的解決方法只有一個——要立刻到學長那兒表示愧疚。

開口第一句話就是要說抱歉。學長也許會表現出一副冷淡的態度來，不過千萬不可因此打退堂鼓。

拒絕時的要領之一是，不可受對方的態度所左右。

在這個情況下，不管對方怎麼指摘，都要表明用電話的緊急心態。「用電話連絡，我自己都覺得失禮。不過，爲了想早一點和您報告，才先用電話連絡。」然後告訴對方，自己突然接到上司指派的工作，到本月爲止有一大堆工作要辦，無法參加研討會，自己也覺得可惜等等。要認眞明確地告訴對方。

這麼一來學長一時的氣憤也應該平靜下來。不過，對於應允又反悔的事，不可用電話連絡，惟有親自到對方那兒說明，才能使對方體會你的誠意。

6 已分身乏術却又有新任務時，該怎麼辦？

K課長在公司內是公認的幹才，經常被經理或董事拜託代理事務。

S君正面對這一禮拜中所必須完成的業務，拼命幹活的當兒，K課長走到前來。「我最信任你了……，能不能幫個忙啊？」就把一項新的任務交待下來。

在「我最信任你了」這句奉承話下，要拒絕總覺得心裏過意不去。但是，如果再接下這個工作，簡直會受不了哦！S君眞不知道如何才好。

先入為主的觀念會使人的判斷產生誤差

在一個組織（公司）裏生存，能當上課長之類的職位，總有他値得人家稱許的地方。譬如，組織能力好、幹勁十足……等等。不過，如果光只是注意這些好處，反容易對上司的形象產生誤解。

而且，對於「我最信任你」這句話，也要冷靜地判斷才好。

若眞以爲只有自己才辦得成而沾沾自喜，搞不好會成爲別人的笑柄。一個公司內的工作，沒有所謂「只有你才辦得成」的工作。A不行由B代理，這才是公司的組織體制。

認爲上司對自己評價很高，如果拒絕恐怕不太好意思的人，多半是典型心地善良的人。

判斷工作的成效，合理地處置

必須立刻判斷工作的成效問題。現在的工作，這個禮拜可以完成，如果再加上課長交付的新任務，會拖延多少時間？要仔細地分析清楚。

然後，再詢問完成的期限是幾時。

如果再怎麼趕工，也沒辦法完成時，要明白拒絕。

「這禮拜內要處理的資料已經達到飽和的地步了，這個工作要在下禮拜一完成，我實在沒有辦法。如果答應下來又辦不好，反而給您添麻煩。」

◈所謂「信任你」指的是什麼◈

如果有人對於上司信任自己而拒絕他，覺得過意不去，不妨觀察一下上司到底怎麼評價自己。下面的例子供您參考。

找一個機會二人一起去喝酒，再趁機問上司對自己的評價如何。如果，上司舉不出一個具體的事實，「我最信任你」恐怕只是一句口頭禪罷了！

7 忙得不可開交卻又被拜託時，該怎麼辦？

相關部門的人打電話進來。

「對不起在您百忙之中……」

不用猜就知道是要求幫助的。但是，自己這邊也是忙得團團轉，巴不得別人來幫忙，到底怎麼辦才好呢？

▨告訴對方自己也忙不過來

我也忙啊，但是又不能坦白拒絕

閒得沒事幹的人，在公司裏大概找不出幾個。如果有的話，該公司不是成員過多，就是業績不佳。

因此，對方應該也能明白這邊的情況，一開始就採取低姿勢，表示被工作迫得無處鬆口氣的人，不自覺地說起話就不客氣。

「不行，不行，沒空，我自己都想找人幫忙呢！」

但是，讓對方清楚自己的情況才是先決條件。

1 拿出自己的工作表來說明

「我是很想幫忙，但是，我這邊也忙不過來。看看，這個禮拜的工作排得滿滿的，根本沒辦法鬆口氣！」

拿出工作表來說明，比較能說服對方。

但是，有的人就是硬要人家幫忙，死求活賴地拜託。

▨ 2 提議別的方法，要求放馬一次

這時候的處理方法是，建議用別的方法解決，並且要表現出願意幫忙的態度。

「下禮拜可能比較有空，怎麼樣？」

「找別人看看吧！」

有的人被人家死求活賴時，會顯出一副厭煩、不耐的臉色，這種人最後多半會被人疏遠而孤立一方。

8 以忙爲理由乃行不通時，該怎麼辦？

M君從總公司調到分店還不到半年，但是，聰明伶俐深受大家好評。不過，M君很容易左右上司的意向，課長經常會猛然覺醒「啊，糟了，又讓他牽著鼻子走了」。

有一次，他提到公司的安全管理達到毫無失誤的記錄，要不要在報紙上做宣傳的事。

「對公司的形象大有幫助。」

「主意是不錯，問題是要叫誰寫呢？」

「我想課長是最佳人選。」

「你啊，我這麼忙你也知道啊！」

「我有一位朋友在出版社做編輯，他常常說，要拜託人寫稿，就要找大忙人，這樣的內容才精彩。」

又來了，課長眞覺得傷腦筋。但是，對方却利用拒絕的理由來說服，眞是頑強的對手，怎麼辦？

▨避免和聰明的部屬正面對決

聰明的部屬，會先揣測上司拒絕的理由而先發制人。如果因此而有和部屬一較高低的心態，身爲上司的領導能力就有待商榷，沈著下來，用下面的辦法吧！

▨1「讓我考慮一下」把回答保留

這時候，拒絕有兩種方式。

其一是「讓我考慮一下」，而把回答保留起來。

這時候對方會說：「這樣，大概是ＯＫ吧！」

「那裏，還要請示經理才知道。」

如果對方又再追問說：「昨天中午碰巧和經理聊了一下，關於這件事，他也認爲是個好主意。」

這麼一來就難以拒絕了。

只要婉轉地說：「我會考慮的！」其他事都不必說。然後，如果自己實在是眞的忙不過來，隔天再詳細地向他說明表示拒絕。

2「如果你能打草稿」，轉一下話鋒

或者改提議用其他方法。譬如：

「知道了，你幫我打一下草稿、大綱就可以了，好讓我參考參考。」

像M君這麼積極的部屬，一定不會說「No」。如果對方也回答「我很忙啊」時，就反諷一句「你的朋友是怎麼說的」。

假如他一直推說自己實在很忙的話，就笑著說：

「不做怎麼知道呢？這不像你的作風哦，哈哈哈！」

這麼一來，他一定會覺得大爲受挫。

9 對方因被拒而反目成仇時，該怎麼辦？

S君是公司的中堅幹部，最近負責一項權責以外的工作，搞得是頭昏腦脹。因爲是初次經手的工作，不懂的地方很多，常常花好多時間在思考上，使得工作的進度就慢下來。這時候的S君也顯得格外的焦躁不安，偏偏上司又要求他「代表本課，去參加推展業務的檢討會」。

S君不自覺地用強烈的語氣拒絕說：

「不行啊，我現在根本沒時間出席會議。」

上司一聽之下似乎心頭也起了一把火，過了一會兒才說：

「好吧，從此不再拜託你了。」

S君大爲吃驚，但是，上司連理都不理他。

▨上司的請求等於是指示·命令

在一般的組織裏，上司所拜託的事，形式上是上司的請求，事實上隨時都可以當成是命令。一道命令下來，連拒絕的餘地都沒有。

不過，不論什麼事，用「命令」的方式總是顯得氣氛僵硬，部屬也比較沒有幹勁，所以，一般都採取以上司請求的方式交待工作。在這樣的顧慮下，如果毫不留餘地拒絕，上司也會發火。

而且，一口就回絕「不行啊！」上司的面子簡直掛不住。

1 先按捺住一時的衝動

要拒絕時，最忌諱的是立刻就說「不」。當上司拜託你去做某一件事時，要先按捺住當時起伏的心情，然後說：

「眞對不起。我現在被一項新的工作搞得頭昏腦脹……」

把自己的現狀說出，讓上司做判斷。或者提議：

「如果能找別人替代，就太好了……」

2 立刻謝罪並提出善後之策

在這個例子裏，已經傷害到上司的自尊心，應該立即表示歉意。

「對不起，被工作搞得脾氣都變大了……」

一般當部屬低下頭謝罪時，上司也會對自己的舉動表示反省。

「那麼，是要出席會議了？」

「啊！是的。」

要立刻應允，這樣和上司才能重修舊好。

10 被逼問公與私孰重時，該怎麼辦？

本課的新課長要到任了，大家談論著什麼時候學辦歡迎會。股長綜合大家的意見之後，決定在星期二或星期四之間做選擇。A君被問及意見時，因爲這兩天都有事，就答稱禮拜二勉強可以。

不久，股長走向前來說，星期二不能參加的人有二位，能不能調整一下改在禮拜四。

「這怎麼行，我禮拜四有個人的要事要辦啊！」

A君說完之後，股長露出一副厭煩的樣子回答：「歡迎會也是工作之一，你到底是工作重要還是玩樂重要！」

本想回股長一句「別逼人太甚」，話到喉頭又吞了下去。

▨不可不顧及股長的苦心

說話的時候，應該要懂得察言觀色。

股長爲籌備歡迎會，到處詢問大家的意見，好不容易歸結到禮拜四這一天，只要A君OK就可以著手辦理。不料A君又一口回絕，難怪他會大爲憤怒。

1 表示慰勞之意並說明私事內容

這時候最好說一句「辛苦您了」的話。

「大家都爲自己的方便，眞難爲你。」

好好地先向對方表示一番慰勞之意後，再說明原委。「實在很對不起，因爲禮拜四是我的生日，朋友已經事先安排好要爲我過生日，眞的很難調開。」

如果只是說有私事，對方一點也不能明白。

一旦動怒之後，誤會是個人的玩樂也是在所難免。以A君的立場，被別人這麼一說，心裏也不好過，不過，自己的解釋不夠也是造成不快的原因。

2 表示因自己說明不夠，向對方致歉

因此，對動了怒的股長，要如此解釋：

「對不起，我沒有把個人的私事說明清楚，其實……」

把當天是自己的生日說出來才對。

接著再加上一句話，「是我自己說明不足，眞對不起，現在不知道該怎麼辦？」

其餘讓股長自行判斷就好了。

生日一年只有一次，只要自己在拒絕對方時，能說得婉轉一點，對方想必也不會做無理的要求才是。

11 接受邀宴後却被要求做保，該怎麼辦？

一位親近的晚輩有一天邀請我去喝酒，我不疑有他，立刻欣然答應。到餐館後，也許是好久沒有暢快痛飲的關係吧，心裏覺得非常爽快，黃湯一杯又一杯地下肚。不料，在這個興頭上，對方却說：

「能不能當我的保證人？」

「保證人？」

「是這樣的，我最近想向銀行貸款買房子，不過，需要保證人。如果前輩能替我做保是最好不過的，當然，我決不會給您添麻煩，只希望您在文件上簽個字而已。」

對方一下子說了這麼一大堆，我心裏却有受騙上當的感覺。雖然只是簽個名，却總覺得不太妥當。

不是簽個名字就能了的問題

再怎麼好的交情，晚輩的態度總是不對。要求別人做保之類的重大事情，事先一點徵兆都沒有，而且是在酒席上提出來，實在不合常理。

邀脾氣好的長輩到自己常去的餐廳喝酒，安排好對方不易回絕的環境後，再出其不意地要求做保，這種做法，簡直就是欺詐。

即使沒有這麼煩雜的過程，光是「簽個字而已」這句話，即可看出這個人對長輩的撒賴心理。

基於以上二點理由，在這個例子，做長輩的理當可以拒絕不理。

讓對方曉得事態的嚴重性

在拒絕的時候，不要衝動地發怒說：

「在酒席上提這種問題，算那門子事？」

「什麼只是簽個名字而已，眞是胡來！」

這種應答方式會招來對方的反感。必須好好地說明原由再拒絕。

「或許你會覺得老舊陳腐，但是，我父親曾留下遺言，叫我不可貸款給人，或者替人做保。我本身沒什麼大財產可以貸款給人，至於做保，所謂『人有不測風雲』，縱然我相信你，總會有一些意想不到的情況發生。萬一眞的有意外，我也是貸款買房子的人，這個責任我可承擔不起。

我們的交情也有好幾年了，希望你不要再提這件事。」

不嫌麻煩地款款道來，相信對方也會爲自己唐突的要求覺得慚愧才是。

如果對方一直糾纏不清，就立刻起身告辭。因爲這不是在酒席上可以長談下去的問題。

12 好友來借錢時，該怎麼辦？

有一位大學的學長和我在同一個公司上班。雖然課別不同，但是平日私交不錯。有一天他邀我到咖啡店，向我要求借二萬塊。

把存款提出來是可以湊足二萬塊借他，但是，我不想和學長有金錢上的糾葛。該怎麼辦？

▨聽對方仔細說明原委後就不好拒絕

學長會向學弟伸手借錢，一定有他的理由。這無異是把自己的拮据展現在晚輩的眼前，箇中原委不用問就明白了。

「開玩笑，我那有這麼多錢！」

千萬不可以用這種取鬧似的語氣，因爲學長的態度是認眞的。

但是，如果爲了不傷及學長的自尊，而安慰地說：

在聽對方訴苦之前，要先說「No」！

「哎啊，要是我能幫上忙的話……」

這種曖昧不明的說詞，又聽了對方的說明後，再要說「不」，就不容易說出口了。

「讓我說出苦處，又說沒錢，簡直欺人太甚！」

對方一定會怒氣沖天地這麼想。

一開始就明白地拒絕

只要是關於金錢的事，拒絕時最好一開始就表明清楚。

「眞對不起，平常受您的照顧，眞覺得過意不去，但關於金錢的事，我實在幫不上忙。」

一開始就明白地表示無能爲力。如果必要的話，再說明自己因何無法借錢給他。同時，聽對方訴苦也沒關係。

只要是有關金錢的問題，在任何一種情況下

，總會留下不太好的結果。所以，個人的金錢借貸問題，要特別謹愼處理。

但是，若已經聽完對方的訴苦，應該誠懇地和對方好好地商量對策。

13 長輩邀請參加社團時，該怎麼辦？

某天中午，一位對自己多方照顧的長輩，邀約去喝午茶。

在輕鬆愉快的氣氛下，長輩提及，「有一個很適合你來參加的活動哦？倒不是歷史研討會之類冷僻的活動？而是到各地的歷史遺跡走訪攬勝。」

長輩把活動的內容稍做解釋後，「你啊，對歷史文物似乎頗有涉獵，又是單身漢一個，空閒的時間應該不少吧，要不要參加？也有女職員加入，個個都是美人呢！」

對於長輩那副認定自己一定會參加的口吻，S君眞不知該怎麼來拒絕？

先找出無法配合的地方

心地好的人，碰到長輩熱心地邀約時，往往擔心自己的拒絕會傷到對方的自尊。於是下意識中，就開始找一些可以使自己同意的理由。但是，這無疑是造成自己更不容易拒絕的障礙。

要拒絕對方，一定要找出其中的不協調點。

因爲條件不合，才可以說「No」。條件的取捨，並不是聽信別人一味的勸說，必須自己冷靜的考慮，把一切條件分析檢討後才能決定。

其次是，如果時間無法配合，什麼都不用談了。把這一點明白表示後，對方也不能無理強求。

先好好地聽對方說明，不要中途插嘴。然後，再解釋自己的情況。

把自己時間分配上的衝突向對方說明

S君打算把自己正在練習的網球提出來，於是他應對問：

「那個集會在什麼時候？」

「每個月一次，不是禮拜六就是禮拜天。」

「啊！我目前正在上網球課，也是利用禮拜六或禮拜天的假日。難得你提出這麼好的建議，但是，時間衝突使我無法參加。」

「但是，一個月只有一次哦！」

「我這個人做什麼事都是一頭栽進去，像你提及的探訪古跡活動，只要參加就一定會全力以赴。只是和打網球的時間撞在一起，大概缺席的次數會很多，恐怕中途而廢，這樣反而給您增添麻煩，所以，還是一開始就拒絕比較好。」

最後一定要說得不拖泥帶水。

＊　＊　＊

如果是上司或前輩向你說媒提親時，類似這樣的拒絕方式非常重要。心裏想拒絕又拖拖拉拉不乾脆時，一旦最後表示拒絕時，更會令對方覺得失望、動怒。甚至，自己也會惹來一段不愉快的回憶。

14 拒絕別人却遭誤解，該怎麼辦？

想利用公司的獎金買一部個人電腦，於是四處收集各家廠牌的資料。不知道風聲是怎麼走漏的，前輩竟然提及有一位朋友在A公司上班，要不要買A公司的產品——。

前輩說得非常熱心，一下子又不好當場回絕，就心存拒絕口氣緩和地說：

「我再考慮看看。」

那樣說了之後，前輩就不再有什麼反應，心裏正大大地鬆了一口氣時，前輩竟然提出「要不要和A社的負責人見見面？」明明表示拒絕了，難道傳達失誤嗎？該怎麼辦？

▨讓對方帶著期待的拒絕方式最要不得

擔心拒絕時，看到對方那副不快的臉色，而且，拒絕的方式欠佳時，又會招惹對方的懷恨，實在令人頭痛。

所以，一般人往往就表現出曖昧不明的態度。像這個例子一樣，一句「我再考慮看看」的遁詞就脫口而出。自以為巧妙地拒絕掉了，別人却不這麼想，人都是以最接近自己利益的觀點來評斷事物的。所以，當對方猜想你大概已考慮清楚，前來催促你時，就不知該如何應對了。

▨①充分地說明不可能購買的原因

雖然一開始沒有明確的決定，當前輩再次催促時，即應該明白地表示：

「事實上，我有一個親戚也在電腦公司上班……」

讓對方明白一點可能性都沒有時，就不會再心存期待，也不會要求你和A公司的人見個面等等。

即使後來中意A公司的產品，想拜託前輩介紹也為時不晚。

「我想，還是麻煩前輩您代為介紹……」

這麼一來，前輩反而會覺得高興。

2 與其無奈地和A公司的人見面，不如明白地拒絕

接著假設被催促時，該怎麼應對。這時候不必在意前輩的感覺，而強迫自己和A公司的人見面。用下面的方式來應對就可以了。

「眞對不起。我正想告訴您，我已經決定買B公司的產品了，對於打稿件還是○○廠牌最適合。眞不好意思，讓您操心。」

然後，再鄭重地向對方表示自己回覆怠慢，期能原諒等等。

＊　＊　＊

假使前輩突然帶A公司的人前來，要你和對方見個面時，這分明是前輩個人的行爲過分，大可以坦然地拒絕。如果，前輩仍堅持只見面就好，先表明絕對不購買的意思後，再和對方見面也無妨。

15 客戶的邀約與家人的約定衝突時，該怎麼辦？

W君在某貿易商負責業務，每天都忙得不可開交。結了婚也有了孩子，但是公司經常加班，禮拜六、日也常常有人邀約打高爾夫球，幾乎沒有時間和家人相處。好不容易下個禮拜六有空檔

，和太太約好去渡假，顧客却又邀約打高爾夫球。

「我們經理說好久沒和W君較量一下，很希望再比一次高低。」

被顧客的某課長這麼一說，W君一句「No」都說不出口。

但是，想起今天早上出門的時候，太太高興地說「太棒了，這個禮拜天可以一起去玩」的樣子，就想該怎麼拒絕才好。

要拒絕得不使對方反感

「交際也是公事之一」，對商場界的人而言，交際非常重要。技巧的好壞，會直接影響到工作，一點都疏忽不得。

話雖如此，若犧牲一切來交際應酬，也不見得高明。

公司內的交際不說，和顧客的交際往來，如果應當拒絕時不拒絕，不但自己失去立場，也會給家庭蒙上陰影。只是，碰到老顧客的話，其中還關係著業務的往來，拒絕起來就不容易。

把不可能說在前頭

第一句話，就要帶著誠意地說：「啊，眞可惜！」

一定要表現出眞心的懊悔，接著再作說明。

「如果早一點通知我，也許還有辦法……」

把自己已有約的意思傳達給對方了解，然後，在對方還想說明之前，立刻拒絕。

「承蒙您的邀請，實在對不起。」

在這個情況下，對方也不好再強求。

或許對方會問及，「有什麼事嗎？」

「一個鄉親打老遠要來找我，所以……」

只要找一些藉口搪塞就可以。

如果對方是高級主管又是長輩，可以提議「那麼下個禮拜如何？」

當對方下個禮拜不方便時，往往也會放棄這一次的邀約。

16 推銷員來家庭訪問時，該怎麼辦？

禮拜天，太太和小孩都出去逛街，一個人留下來看家的H先生，突然聽到門鈴響起。

打開門一看，居然是雜誌推銷員。

「我們家已經訂了這種雜誌。」如一般人的方式表示拒絕。

「對不起，您有小孩吧！」

「嗯，咦？」

「這個不曉得中不中意？」

把對方遞過來的東西接過來一看，是暢銷電影『洛基第四集』的電影優待券。

「送給您的小孩去看吧！」

心想大概不妙，果然不出所料。

「先生，一個月就好了。現在連載中的高科技產業實情報告，對您的工作也有幫助。」

糟了，不好拒絕了。

怎麼辦？

▨貫徹自己的意志不為所動

推銷訪問員，都使盡花招要顧客點頭答應，已經不是以前硬性推銷的姿態，而是以抓牢顧客的心理進行攻勢。

一旦讓他抓住弱點，就一步步地接近，讓顧客無從拒絕。

所以，拒絕的時候，不要陷入對方的圈套，應該動動腦筋，運用智慧抗拒。

像這個例子的應對法，最重要的是一定要貫徹自己拒絕的意志。具體的做法，有下列三點：

①制敵機先

像令夫人這種美人，用這種香水，最恰當不過了

要攻破推銷員創造出來的難於推辭的情況！

②不要接對方遞過來的東西。

③表現出拒人於千里的態度。

在這個例子裏，H先生已經被對方引入甕中，所以，必須先扳回劣勢。

[1]謊稱在公司就看這種雜誌

首先，當對方講完之後，先停頓二、三秒鐘。「敵方」一定也正等著你的回擊，所以，先做一下深呼吸吧！

接下來的瞬間就說「啊，不不，謝謝你」，並立刻把優待券遞回對方手中。

「上禮拜才和小孩去看『洛基第四集』，而且您的雜誌我每天在公司都看。」

面帶笑容地這麼回答時，比較老實的推銷員就會知難而退。

但是，頑強的推銷員會再想辦法追擊，那就

擺出一副敬鬼神而遠之的態度來抵抗。

2 一見面就先發制人

最好的辦法是一碰頭就先發制人。這麼一來，以後的進展就容易掌握。

有一位賢明的家庭主婦，對任何推銷員都可以讓他們心服口服地打退堂鼓。她一看見推銷員立刻就先打招呼，「啊，特地到寒舍來拜訪啊！」接著就是連聲的「謝謝」。

對於經常碰一鼻子灰的推銷員而言，被人家這麼歡迎時，都會對這位主婦表示好感。不過，主婦這時就說了「哎啊，眞不巧，我的兒子也是推銷雜誌的啊……」

明明白白地表示拒絕。

到這個地步，就是再頑強的推銷員也會摸著鼻子知難而退。

但是，這樣被拒絕一點也不會生氣。這個方法比在門口貼一張「推銷員請止步」的告示，要來得高明多了。

第五章

當對方發動脣槍舌戰時，如何給予反擊

●不要受挫於對方的言詞激戰

商場界是一個競爭非常激烈的社會，誰都無法否認它是一個你死我活爭奪的現實世界。當然，不必因此而要詐欺瞞，但是，如果被對方設下圈套，一定要予以反擊，否則一旦落入對方的圈套，不僅自己蒙寃受損，恐怕還會遭來周遭人的嘲弄。

譬如，假設你是個工作效率極高的人。

一比較之下，同事個個似乎都被工作壓得動彈不得。於是，本性使然，就會從旁指點別人該「這麼做……」，或者自以爲是的插手管。

心裏原本期望別人的幾句讚美，不料，「那麼全部讓你做吧！」別人的工作就硬推到自己的身上來。

這樣只會使自己受損罷了。在這種情況下，該如何維護自己的利益，給對方無理的遁詞予以反擊？

在這一章，就要針對類似這個例子的情況，介紹幾個如何反擊的方法與訣竅。首先，介紹幾個共通的要點如下。

①不要動怒地爭執

在這個例子裡，不要慌張地爭論說「沒這回事！」「這不是你的工作嗎？」只要沈著地應對。並且，以下列的方式做說明就可以。

「這個做法是前輩教我的，並不是我特別聰明，只要懂得方法，任何人都可以做得很好。」

②轉變視點

被別人似是而非的話語懾住時，往往一時之間無言以對，而掉入對方的圈套，那時就要轉換一下角度來處理。

③確定事實的眞相

帶著恐嚇或煽動的言詞，大都言過其實。「大家都不想幹了」「經理今天怪怪的」之類的說法，要先確認之後再做判斷。

④不要拘泥細微末節

對於芝蔴綠豆大的小事，不要一一去計較，退讓一步就好了。

⑤偶而也要表示强硬的態度

對於小看自己或者做法卑鄙的對方，要給予強烈的反擊。

1　被客戶認爲不催不做事時，該怎麼辦？

從前輩那兒交接過來的A公司，W君最感頭大的是該公司的負責人。

第一次見面的時候，非常禮貌地向對方致意說：「平時多蒙您的照顧。」卻惹來對方近似調侃的答腔——「我從不照顧人的。」

話說有一天，公司的技師們都忙著外務，留下W君一個人看守公司時，那位棘手的負責人打電話說機器故障了。

「趕快過來啊！」

「現在沒人啊！」

結果又招來對方那副調侃的口氣。

「你不是人嗎？」

一時之間不知如何應答，對方只說「快過來啊！」就把電話掛斷了。

剛好那時有個同事回來，趕忙飛奔到A公司去。一到那裏——「你們公司啊，只有催才會來啊？」

又是調侃人的話，一下說東，忽地又指西——眞是討厭的傢伙。

怎麼回答才好？

▨被人在話裏找碴也別動怒

有的人專會找人的語病挖苦人。這些人多半帶有自卑感，而以這種方式來表示自己的優越感。

不要跟這種人認眞地計較。同時，要反省自己平常說話是否語病過多。

反擊非常簡單

「多蒙您的照顧」是一句經常使用的招呼語，但是因爲沒有主語，所以容易讓人挑毛病。

像這個例子，只要說：「前任的A君多蒙您的照顧。」

就不會惹來對方的挖苦。

另外，對於「你不是人嗎？」這句話的解釋是——

「是啊，但是只剩下我一個人啊！」

對於最後的那些挖苦的話，可以不必理睬，或者乾脆就順勢說：「我想早一點過來，所以就用跑的來。」

帶一點誇張的手勢也無妨。

對方一下子說東，忽而又說西的挖苦，不要一一去計較，否則只是白費時間並且惹來一肚子氣。稍做敷衍之後，趕快進入主題就好了。

2 要求漲價，客戶却顧左右而言他，該怎麼辦？

業務員的工作，不只是銷售產品而已，還要進行價錢的交涉。

但是一味地提出漲價的要求，不但會遭對方拒絕，恐怕還會變成拒絕往來戶。因此，必須慎重地採迂迴方式來陳述。然而，又會被對方見風轉舵地把話題叉開。

好不容易抓到機會，想好好地向對方提出要求時，但對方也不是省油的燈，立刻洞察端倪，轉移話題說：「啊，你聽聽看，有這麼奇怪的事嗎？」

心裡疑惑，到底在賣什麼膏藥，原來是談在某雜誌上看到說，台灣是美國最大農產品輸出國的事。話題不錯，但是時機卻不對。

如何才能把話題再拉回正題？

識破對方策略，出其不意地說出正題

把話題叉開是不想談論，或者想巧妙地拒絕時，經常使用的手段。這是任何人在感覺不便時，所慣用的花招。「啊，狡猾，把話題叉開！」

被太太或兒女識破後，父親那副腼腆地騷頭的窘狀，是誰都非常熟悉的畫面。

但是，在工作的崗位上，身分地位屈居下方的人，是不可以輕易地對長輩或上司叫嚣「狡猾！」之類的話。除非私交甚篤，而且又不拘泥小節的人，才可以玩笑性地數落對方。但是，並不是任何人都可以如此指摘。

中。

倒是當對方一而再地轉移話題時，自己反開不了口說出實情。這樣一來，正陷入對方的計謀中。

佯裝被牽著鼻子走的樣子，然後再出其不意地說出眞心話，這才是應對的高招。

自己也說一些不關緊要的話

既然說的是與主題毫無相關的話，與其聽任對方胡言亂扯，倒不如自己找一些話題談，要來得高明些。

等到時機恰當，就改變話題。

「啊，其實我最近也看了一本相當有趣的書。」

這時就把平日收集的一些精彩話題展露出來，然後，在恰當的地方結束話題。

「眞不好意思，說了一大堆廢話，浪費您的時間……」

說完，站起身來。對方必然會大大地鬆一口氣，這個時候就是機會。

「其實，我想您大概也已經有所耳聞，關於漲價的事……，希望您能考慮一下。」

接著就把裝有估價單的信封呈給對方。

凡是類似的例子，要領都一樣。自己也說一些不著邊際的話，讓對方覺得心安，然後再趁機引入正題。

3 被客戶損爲不夠格時，該怎麼辦？

最近才經手的一家客戶，對我們商品的誤期，提出索賠的要求。心想只要把原因說明清楚，應該就可以獲得對方的諒解，不料到了該公司，却看到一張陰霾的臉孔。心裡正擔心著，負責人忽然從裏間走出來，一見面就大聲咆哮。

「你們公司到底是怎麼出貨的！」

正苦於無言以對時，他又說：

「跟你講也沒有用，去叫你的上司來！」

被這一陣怒斥搞得不知如何應對，但是，也不能這樣就抱頭而去，該怎麼辦？

必須先留意對方的意圖

當顧客有強烈的不滿時，有二個比較具代表性的情況可以猜想得到。一是對方爲新交易的顧客，尚未摸清楚對方的情況，在應付上出現差錯。其二是，因與老客戶過於熟稔，而疏忽地造成對方的不滿。

這個例子應該是屬於前者，因爲對於對方嚴守交貨期十分嚴格的特性，尚未清楚而引起的糾

又不是跑腿聽人使喚，同時又被說「不夠格」時……。

紛。

不過，對方也許是有意先來個下馬威，爲使以後的交貨都能如期給付所使出的手段，這一點也要在應對時列入考慮。

毫不考慮地向對方致百萬個歉意

對方如同怒吼的獅子，一點也不留情，我們也必須鼓足勇氣迎戰。

只要用盡全身的力氣，深深地鞠躬致歉說：「眞是非常非常地對不起。」

一而再地鞠躬謝罪。對方必然被這個出乎意外的舉動搞得沒辦法，怒氣也會緩和下來。當對方平靜下來之後，再有條不紊地說明商品的出貨情況。

對方的不滿也有可能是自己的衡量失誤所造成，所以，說明時一定要掌握十足的正確性。

4 客戶先發制人時，該怎麼辦？

做業務的人最頭痛的是，被對方緊緊盯著交貨期。有訂單當然是最令人高興，但是，當對方提出「必須嚴守交貨期」時，往往無法立刻欣然地應允。

不能說「No」也不能說「yes」，只能硬著頭皮說「儘量趕趕看」。

但是，一看工作的流程，趕不上交貨期已經是明白的事實。正想著必須跟對方說「No」時，卻讓對方識破居心，搶在前頭說：「啊，能不能提早一天交貨啊！」

這是一種牽制作用，無非是要我方謹守交貨期的要求。哎呀，怎麼辦？

▨順著對方的話題，表示抱歉

我也曾應出版社要求執筆寫幾篇稿子，在無法推却之下，就含糊其詞地回答「大概要到七月底才行」、「可能會拖到八月上旬吧」。

等到截稿日期接近了，才又不得不表示歉意地跟對方說「No」。但是，在自己正拖延著的時，編輯已經先掛電話過來了。

「事實上，七月底交稿非常困難。」

想這樣告白時，對方就說：「××先生，不要開玩笑了。」一句話就把它化爲烏有。

在現實生活裡，有很多明知是不可能却必須答應的事。所以，爲儘量減少對方的損失，當發現沒有辦法的當時，就應該立刻表明。

越是拖拖拉拉，越不好再開口拒絕。

表示謝罪並提出代替方案

方法有二個，首先是低下頭來表示歉意。

「眞對不起，我已經儘力了，但還是趕不出來。」

「咦？你說什麼？趕不出來？」

「眞對不起」——用全身的動作來表示歉意——。

當對方不得不蹦出一句話「到底什麼時候才能交啊？」

「二天後，絕對趕得上。」

這時就把自己的具體情況加以陳述。

但是，對方並不見得都這麼好說話，頑強的人就要利用第二個方法。

就是當對方提出「提早一天」的要求時，適時給予反擊。

「知道了。那麼就前一天先出一批貨，以後再每天分批交貨好嗎？這麼一來，我想就可以提早把貨品送到你公司了。」

不過，這個方法必須在自己的情況相當緊迫的前提下才能用，否則會被對方識破。

5 借調人手，對方上司却不知情，該怎麼辦？

在人事課工作的S君，到公司已三年。每年都負責甄選女職員的考試，考試的當天總忙得不可開交。

人事課裏只有一名女職員，人手不夠。生產課裏有三名女性，並且該課的H君和自己是同一期，於是向他通融之後，借了一名女職員代打。

考試終於順利完成，爲了向生產課長表示謝意，於是走到跟前說：「今天眞謝謝您。M小姐過來幫忙才把考試處理得妥當。」

結果，課長却意外地說：

「咦？怎麼有這回事?!」

H君就在課長的近處，猜想他應該會解釋的，但他却是一副佯裝不知道的表情。

「H君這傢伙，竟然沒跟課長報告！」心裡帶著疑惑時，「S君！你幾時當上生產課的課長了，M小姐是我的部屬啊！」

被這麼冷嘲熱諷，S君眞不知道該怎麼應答。

沒有直接找主管通融是問題所在

公司是在組織下工作的團體。一大堆人如果沒有組織是發揮不了效力，只有組織才能把個人的力量團結起來。因此，在組織中必須有它下達命令指揮的原則。

任何部門、課室，都有一位「長」字號人物存在，凡事都必須透過「長」才能運行。

S君沒有直接找生產課長通融，是他的不對。

以爲向同期的H君打一聲招呼，他就會跟上級報告的想法太草率了。以生產課長的立場而言，不直接向自己請示的行爲，眞不可原諒。

因此，有可能在聽了H君的報告後，仍故意佯裝不知道。

必須留意這一點，再好好應對。

表示沒有直接報告的歉意

「不可能不知道啊。我明明和H君說好了您一定知道的啊！」

如果用這種方式反駁，不但會傷害到課長，也會損及H君的立場。

沒有直接向課長報備確實是自己的失誤，所以要坦率地表示歉意。

「眞對不起。本來想打電話向您報告，碰巧您不在，而且事情又正緊迫……。眞對不起，給您添痲煩。」

大多數在這種情況下，對方的態度都會緩和下來。難纏的人也許還會說一些令人不快的話，就把它當作馬耳東風吧！

另外對於H君而言，這次算是給他一個人情。

6 同事恫嚇說上司對己有所不滿時，該怎麼辦？

K君和M君是同期生。K君經常有意無意地丟下一兩句令人狐疑的話，M君最近突然覺得這是K君故意要的把戲。

M君的工作能力絕對不遜於K君，但是在交際應酬上K君就計高一疇了，M君偶而會覺得自己就是在這方面吃虧。

這個令人不快的K君又走到跟前來。

「上回那件事，你也有點過分。課長臉色都不對了！」

一副親切的態度，却不由得不令人懷疑他心眼裏的詭計。本來想不理會他，但是那一句「課長臉色都不對了！」眞叫人提心吊膽。

話雖如此，到底課長跟他說了什麼？要不要問問他？不，等一等……也許這樣就掉進他的陷阱了……但是，越想心神越不寧。

一句話可以動搖人心

人的心思非常細膩，稍有一點風吹草動，立刻就動搖。

一大早到公司，突然同事衝著你說：

「咦？臉色不太好，那邊不舒服？」

說著自己都擔心起來了。

「沒精打采的，怎麼了？」

聽別人這麼一說，自己好像眞的沒有精神了。

人的心思是善變的，只要一句話就會受影響。何況是由一個平時就私下較量的競敵口中說出，不免會胡思亂想，把事態擴大，搞得自己神經衰弱。

有些競敵，就故意抓牢這個弱點，趁機攻擊。

那麼，K君這次的用意到底在那裏？

具實地問出話意，分辨其眞偽

對方的說詞含糊不清，所以，要問個水落石出才行。

「太過分?是什麼地方啊?」

「被你這麼一問我也頭大了!」

「譬如，是怎麼樣的情形?」

一而再地逼問他說出具體的事實，如果對方無法明確的答覆時，則表示有可能是對方故意挑撥。

另一個方法是故意佯裝不知地問。

「咦?課長今天早上才跟我提及，關於那件事要好好地下功夫去做哪!」

然後再觀察他的反應。如果，他表情驚慌臨陣脫逃，分明就是他故意搗蛋，一點都不要在意。

倘若，K君的回答屬實，就是他眞心替自己擔心，不妨仔細地聽他分析，好做參考。

7 寶貴的提案却被視若敝屣時，該怎麼辦?

課長指定T君參加公司的全部門會議，T君心裡覺得頗有一份使命感。

當天會議進行中，T君做了一次發言。自己深覺這個提議很有建設性，而且發覺上司等高級

使鑽石般的光彩化為烏炭的一句狠毒話

主管個個都集精會神地傾聽。

但是，當T君發言完畢後，旁邊的年輕科長卻說：「這個意見很常見嘛！」

言詞裡好像是說，這個意見平凡無奇，是大家都知道的常識。T君這一番苦心的發言，一下子光彩盡失。

眞懊惱。不想就此罷休，該如何反擊呢？

為抹殺別人意見的陰毒意見

年輕的科長職是最可能被晚輩後進追過頭的階級。所以，一有機會就會處處設法把別人踩下去。

這麼說也許有點過分，不過，現實中確實有許多這樣的例子。

如果自信十足，可以用實力競爭，不必以這種小人之計來拆對方的台。但是，有這種自信的人太少了。

所以，面對這種中傷，必須給予反擊才行。

當作馬耳東風，再次重申自己的主張

不要當場漲紅著一張臉和對方爭長短。這樣只會陷入對方的詭計中，使自己被孤立。如果有司儀，就讓他去裁決，避免當場動怒，先讓會議進行下去。等大家都陳述過意見，會議將近尾聲時，再舉手把自己剛才的意見簡要重述。

放在最後的意見，容易引起注意，加深印象。最後的發言留給人家的印象最深刻。所以，科長那一支冷槍根本發揮不了作用。

8 被指不了解現場情況時，該怎麼辦？

陳先生是工廠的設計主任，每個月都要出席一次三部門協商會議（設計、製造、銷售）。這個月的會議主題是交貨期限。

會議中，主管銷售業務的A主任一直強調，銷售部門老是被客戶催著要提早交貨而喘不過氣。

「說來，我們公司從接到訂單到成品完成之間，浪費太多的時間。」

A主任的發言似乎是在責難設計部門的不是。

陳先生當然覺得很不是味道，於是抗議地說：

「在設計階段要是沒有充分的時間設計，等東西做出來以後才發現問題，這豈不是更糟糕！」

「設計部門就是不能了解業務現場的激烈競爭，做生意呀，不是吃人就是被人吃，生意做不到，大家都會沒飯吃的。眞是的！」

A主管突然講一堆歪理，陳先生一時也窮於應付！

不要被「現場」這句話唬住

「現場」這句話，似乎帶有一股很不可思議的說服力，一說起「現場」就好像是包青天請出上方寶劍似地，大家都不得再有異議。

因此，對一個在社會上做事的人而言，一旦被別人指責「你根本就是不了解現場」，無形中就好像矮人一截，不再有什麼權威似的。

可是「現場」又是什麼呢？

雖然，一公司或工廠是直接製造東西或銷售製品的地方，可是東西的製造必須要有設計圖。

要客戶喜歡製品，就必須有符合客戶希望的設計。

所以，設計也是一個非常重要的工作現場。唯有設計、製造、銷售完美地配合，才能使組織發揮最大的機能。

「現場」並不僅是營業的專有名詞

首先，陳先生可以這樣反駁A主管：

「既然您這麼說，那我要請問A先生，您是不是很了解設計部門的現場呢？」

這樣反擊一番，A大概也會一時語詰吧！然後再趁勢追擊說：

「營業部門有現場，製造、設計部門也都各有現場。而且，大家的現場也都有其各自的情況呀！」

接著，再把話題擴大：

「因此，如果大家都只顧強調自己的立場，那只會使彼此對立而無法溝通……」

最後，用同意A主管看法的語氣說：

「用最低的成本做出最好的成品，以最快的速度提供給客戶，使公司獲得利潤，這一點是大家共同的希望。因此，既想迅速交貨，又要有保證品質優良的設計，並且維持低成本，這就必須大家共同研究在各自的現場裡，是否有需要改善或加強的地方。」

這樣，話題就會往更高的階段發展，剛才那句「不了解現場情況」的話，就不再具有任何非難的效力。

9 被笑說「你懂什麼」時，該怎麼辦？

阿川從技術研究部被調到營業部，從事引擎維修服務的工作已經有半年。

在半年的現場維護、修理經驗中，阿川發覺成品銷售和售後服務並沒有配合得很好。於是在會議中被課長問有什麼意見時，他就說出這個意見。沒想到課長却對他說：

「你懂什麼!?」

一笑置之，其他的維修工程師也跟著訕笑起來，好像阿川的意見根本就是幼稚無知。阿川受到這種打擊，一時也氣上心頭。

雖然阿川很想衝著課長說：「你沒直接跟客戶接觸，你才懂什麼！」可是對方是上司，心裡可以這樣想，話可是不能說出口。那麼阿川要怎麼說才好呢？

▨先檢點一下自己的立場

從封閉的研究部中突然被外放，擔任與客戶直接接觸的工作，一開始誰都會想儘快跟客戶熟悉，因此常會有過分重視客戶的情形。

再加上他又是一位實事求是的人，有過幾次機械銷售與服務不能協調的經驗後，一有機會，他就把這種事向上反應。可是，這對上司或那些資深的前輩來說，根本就不是什麼問題。

①這種事早已司空見慣，不用說也知道。

②可是，在公司的營運結構上，營業和服務似乎根本就沒辦法配合。

③不過在做法上，公司早就採「下一台機械賣便宜一點」的積極措施。

因此，阿川的發言，反而反映出他「什麼都不知道」。

尤其上司對那種在開會時，突如其來的發言，經常會覺得厭煩，要是碰到口德不好的上司，或許還會招來一頓冷嘲熱諷。

請大家多指教

可是，被上司這麼說就閉口不言也不好。這總是很令人不快的，若是積壓在心裡，以後不但會挫消對工作的熱誠，也會被上司或前輩們看輕。

遇到像阿川的情況，這時就不妨以自己經驗還淺來辯護。例如，阿川可直接回答說：

「是的！這工作我才只做半年，經驗尚淺，仍有很多不懂的地方，往後還希望大家多多指教……。」

這樣說才不致於使自己無法下台，或遭同事們的輕視。至少，大家會覺得阿川這傢伙是想說就說的人。

像前面阿川的例子，最好的做法是在開會之前，先把自己的問題向前輩們請教。這樣才能避免發生這種糗事。

＊　＊　＊

10　被指「連這種事也不知道」時，該怎麼辦？

老林帶著新到任的課長去拜訪A客戶。根據人事部門的資料，這位課長是一位很有才幹，自我表現慾又強的人。老林在向客戶介紹時，當然是小心翼翼地不敢鋒芒太露。

或許是大家談得太融洽的關係吧，老林心想正好今天雙方主管都在場，而且氣氛又好，於是就把話題轉到今後產品要漲價的問題上去。

不料話才說完，就看到課長板著臉說：

「這件事怎麼現在才說呢？你這樣冒冒失失地突然說出來，別人一點考慮的時間都沒有，這怎麼可以呢？」

「所以，我是打算現在先說說，等下次再正式……」

「這種事老早就應該通知客戶，這是常識，虧你還是幹業務的人，怎麼連這點常識都不知道呢？」

當著客戶的面，老林被斥責得體無完膚，面子很掛不住，老林也氣上心頭了。

事先要協調

帶領新上任的上司去拜訪客戶時，事先應該把要談話的內容確定好。譬如，到底是只做簡單的問候，或者是藉新上司上任的機會聽聽客戶的建議，或向客戶表明以後可能會有的新做法等等，這些都必須在去拜訪客戶之前，先向上司請示好。

要不然，話題一旦分歧，就難免醜態百出。

老林所提有關漲價的事，畢竟不是一般等閒的問題，照理說有必要事先請示。

又，部屬在客戶面前突然提出意外的話題時，有些上司會當場給予配合，像老林的新課長那樣，反過來指責部屬太魯莽的上司也不在少數。如果，部屬不能忍一時之氣而當面跟上司起衝突，則他以前在客戶間所建立的信用，可能因此喪失殆盡。

把問題歸罪於難以啓口要漲價

像老林的情形，首先要做的就是道歉，而不是去想被出醜的問題。他可以這麼說：

「課長眞是對不起！因爲A先生是我們的老客戶，平常大家都很熟，所以要漲價的問題一直難以向他開口。」

然後再轉而向A客戶道歉，客戶這邊應該就會給予打圓場吧！

「既然有這一回事，那麼下次就請你把正式的通知送過來，讓我檢討再說吧！」

這樣老林就不致於下不了台，也不會被客戶看貶。相對的，客戶對這位居然當著外人的面責斥部屬的新上司，或許就不敢等閒視之。

事後，等離開客戶後，不妨向這位新課長拍下馬屁：

「課長，今天眞感謝您這麼說。這件事本來我實在不知該如何向客戶開口，現在A客戶可能因此更加印象深刻。眞是謝謝您！」

11 向年長的部屬打招呼却不被理會時，該怎麼辦？

半年前，才三十出頭的富田就被升任課長，這在公司是難得的殊例。

可是，最近人事調動配置過來的屬下S先生，不但年齡比廠長大一輪（十二歲），而且又有一付怪脾氣，據說是一位很難纏的人物。

富田當然很敬重S，所以平常兩人在通道走廊碰面時，讓路的一定是富田。開會時，S更是無視富田的存在而逕自上座。

前天早上上班時碰到S，雖然富田先開口向S打招呼問早，S却不理不睬地錯身而過。這下富田再也忍受不住，想要衝向S大吼一聲說：

「向你打招呼，你却佯裝不知，擺什麼臭架子!!」

可是，這話要是眞說出來，無形中就等於是向對方認輸。還有什麼更好的辦法嗎？

原因在於多慮

公司人事的升遷如無意外，一般多以資深者爲先。因此，一旦有年長的屬下，心理上總會覺得彆扭。年輕的上司對比自己年長的屬下，通常有如下的態度：

①不好意思、拘泥，對待方式過於多慮。本來當面說也沒有關係的話，却偏偏不開口，所以令對方也感到很見外。

②害怕因爲年輕而被看輕，所以一有事就想擺出上司的架子。要不然就是年長的屬下認爲年輕的上司乳臭未乾，所以一旦看到他擺出不可一世的樣子時，反抗的態度就明顯表現出來。

以上兩點都是不對的。上班的態度應該是心胸寬濶不介意枝節細事，大家和和氣氣地工作。但是對眞得有妨礙工作秩序或效率的言行，做上司的就應該不客氣地給予規勸。

再開朗地打一次招呼

因此，屬下對自己的問候不加理睬時，絕不可衝動。應該把這股怒氣化解過來，使它變成一股更明朗的聲音，也就是再重新向S大聲地打一次招呼。

「S先生，您早!!」

假如旁邊有別人在，大家的視綫大概都會向S的身上集中，這時他再怎麼也不可能不理睬了！萬一這樣做還是沒有辦法得到他的回答時，做上司的應該還是要有不予計較的度量。

不過，上下班打招呼是一種生活禮儀，應該還是需要加以要求的。譬如，在隔天開會時，可藉機向大家說：

「最近似乎有些人在上下班時，忘了應該要問早或打招呼的禮節，希望大家互相提醒對方！」

假如以後S還是不加理睬的話，就可以明白地給予告誡。

12 被認爲是言行不一的人，該怎麼辦？

做事認眞却有點固執的阿川，來到課長的桌前就嚴肅地向陳課長說：

「課長，您不是說今年要採取積極政策，大幅度地擴充業務嗎!?」

「是呀！」

「既然這樣，就不應該馬馬虎虎……」

「怎麼了？」

「最近課長的做法毫不積極，一點突破性的新構想也沒有，簡直就是維持現況。像這樣，說歸說、做歸做、言行不一致，我們部屬怎麼會服氣呢？」

陳課長不高興極了，眞想對阿川吼一聲「這又干你屁事！」可是陳課長退一步想，這樣不但阿川不會心服，也會被其他在一旁的下屬看貶，那麼他該怎麼辦呢？

讓對方了解情勢有所變化

對那種有枝有角、頑固死板的部屬，絕對不可以打馬虎眼。你要是讓他有不能信任的經驗後，他就很難再信任你了，甚至還會到處宣傳，使你信用掃地。

因此遇到這種事情一定要搬出道理，仔細說明，讓他徹底了解事情改變的原由。

「說歸說，做歸做」，表面上好像是這樣，事實上未必盡然。因爲，現實的情況是會發生變化的。過去說的話，並不一定就能適用於現在。

但是，對一個不知融通的人，却很難承認這種事實，只會一昧地在意「言行一致」的美名，所以很容易發生不滿上司言行的事。

因此，上司遇到這種部屬，應該要設法讓他明瞭事實改變的原因。

情況有變當然做法也要有所不同

首先要部下了解當初，說話時到現在，已經過相當長的時間，然後再就這中間現實的變化加以說明。例如：

「新年的年初會議到現在已經隔半年之久了。你應該也知道，這半年來弊值變動得極厲害，我們公司的經營也陷入苦境中。在這種情況下，要做大幅度的業務擴展是很不可能的……」

接著，若是能舉具體的例子做補充說明則更好。

「『人無信不立』，我也是儘量地努力在做。可是，我也不得不考慮到現實環境變動的因素。就拿我們領薪水的人來說吧！早上出門時，跟太太說好今天可以提早下班，可是偏偏那天却臨時有事非得加班不可，這可也是司空見慣的事吧！」

因爲現狀有了變化，所以，做事的方法也要隨之變換更改。只要把這一點仔細說明清楚，再怎麼硬腦袋的部屬也應該會接受的。

13 女職員要脅要集體辭職時，該怎麼辦？

S科長是屬於沈默寡言的人。科裏有七名女職員，最資深的A小姐對這位內向型的科長，經常毫不顧慮地在言詞上失禮。

最近，關於工作的處理方式，S科長給A小姐一點指摘。

「以前就是這樣做啊！」

A小姐明顯地在口頭上不認輸耍個性。

大概過了一個禮拜後，A小姐突然前來報告後：「我要辭職。」

問其所以，也不回答，只說：「我以外，有三位女同事也要辭職。」

和資深女職員接觸的原則

女性在商場界爭強者越來越多。現在的社會，已經是有能力又具野心的女性和男性一爭長短的時代了。

男職員對年輕又漂亮的女職員，也會如護花使者般地呵護，但對「老」女職員的囉嗦卻採敬而遠之的態度，這也可能是「老」女職員不易相處的原因之一。所以，繞在女職員當中的許多工作態度問題，很難處理得當。

大家之所以會對年輕的女性表現較大的關心，並不見得全是年輕貌美所致。有時也是因爲她們記性好，操作OA機器快速，容易使喚等等。

「老」女職員雖然在公司待得久，但是和男同事不一樣，很少有什麼「長」字號的頭銜。相反地，在工作場所中有勢單力孤之感，所以，心裡的不平衡是不難想像。

於是，有些個性強又自我為中心的女性，就會私下找年輕的女性結黨，自己扮演老大姊的姿態，在男職員面前誇耀。

身為「長」字輩的您，平常和資深女職員接觸時就要留意以下三點。

①不要被忙沖昏了頭而忘了她們的存在，要向她們打招呼，聽聽她們的意見。

②切勿客套、膽小。該指正的地方就要確實地指正，對公司的規矩要確實地傳達。

③如果碰到存心搗蛋的「老」女職員——忙碌的時候故意請假等等——要用嚴格的態度面對她。

這是屬於第③的情況，要嚴格以對

A小姐是輕視這位沈默的S科長，故意以辭職來要脅，是屬於第③類型。如果不嚴格處理，會落入她的圈套。

「是嗎？如果不想說出原因也不勉強。像你這麼資深的職員辭職是公司的損失，不過，你執意要辭職的話，就遞出辭呈來吧！」

一點也不要表示讓步。然後，再加上一句：

「順便叫那幾位要辭職的人，也送辭呈過來。」

14 被上司當衆指責時，該怎麼辦？

最近這一個月，經理的態度總是不太對勁。

和他談事情，不再像以前那麼坦率了當。似乎有什麼話哽在喉間，含糊不清，令人有丈二金剛摸不到頭之感。

H課長處理事情是單刀直入型的人，個性爽朗，深受大家的喜愛。平日和經理的關係也不錯，不過，這陣子經理的態度實在有些奇怪。

最近也聽說Y科長極力巴結經理的傳聞。

Y科長頭腦好，工作也有一套，是下任的副課長，不過心計多，大家對他都懷有警戒心。

「難道是Y在搞鬼……」，H課長心裏這樣猜想，覺得也不無可能。

有一天，經理帶著一副焦躁的表情，在部屬面前對著H課長大聲怒斥。

「你的領導能力有問題！」

一點辯解的餘地都沒有，又追上一句「好好注意」！

H課長直覺得該來的終於來了，該怎麼辦？

當著部下面前部長大發雷霆………！

洞悉屬下的缺點

有一個工作效率高、聰明伶俐的部屬，是上司工作的好幫手。但是，如果太信任對方，恐怕反會被對方耍。

H課長與Y的關係就是這樣。H課長個性爽朗，從來不玩什麼把戲。

Y卻是要把戲的箇中好手。在Y眼中，課長之流是輕易即可玩弄於股掌之間的人。

有一次，Y自信滿滿擬出的企劃案，因常務反對而被打回票。Y認爲是課長能力不足所造成，於是心懷不滿，就直接向經理抱怨課長的不是。

經理如果有見識，即應該看穿Y的詭計，但是，經理是一被捧得高高就得意忘形的人，所以，一下子就落入Y的圈套。

對於工作能力高又善用心機的部屬，要特別留意。該磨一磨他的銳氣時就磨，並且要掌握住他的弱點。好做策士這一點，無非就是他的弱點，因爲大家都討厭。

▨

H課長不可以立即表示反抗。

「經理，不是我在反駁您，不過，我有那些地方不對嗎？請明白指點。」

用一種不可侵犯的強烈氣勢，却又不失禮的態度反問。

分明是受Y煽動的經理，這下子就說不出來了。H課長的追究到此就該打住。

「改天，請讓我和您好好談談。」

把澄淸的機會留在改天。大多數的部屬都站在H課長這一邊，所以，對於課長正氣凜然的反擊，內心一定是大爲喝采。

H課長也應該儘快找一天和經理好好地談一談。

同時對於Y的行止，有必要給予嚴格的警告。「花招耍得不好，會在課裏孤掌難鳴哦！」

第六章　迴避難題的應答方法

●一問一答不見得高明

發問是一種追根究底的表現，而且還必須具備勇氣。因此，不斷發問的人，所得到的評價往往較高。

相反地，被質問的一方，如果能合宜的對答也就沒事，不過，不能隨心所願的窘境，却時常發生。況且，有的人因發問是一種值得獎勵的行為，而故意找一堆疑難雜症來詰問人。如果沒有一套巧妙應對的方法，也許會在意想不到下吃了大虧。

經常在會議席上，看到有些人碰到棘手問題時，常常以「今後會善加處理」、「將來會檢討改進」之類的話來搪塞。有的人甚至把問題敷衍過去，轉移話題。這些處置方法，都是對答難題的妙招。

這一章就是針對如何面對、應付各式各樣的發問，找出最適切的對答妙招。

①試著反過來發問

有的人在會議席上，碰到別人質問時，就心慌意亂不知如何對答。當大家的視綫全集中在自己身上時，更不知所措了。這時候，您只要反問對方：

「那麼，您認為怎麼樣？」

其中有的人是明知故問，反問對方是扭轉情勢的好方法。

②抓住對方的意圖

公司老板或資格老的同事，有時會問你一些對同事，後進的看法如何等等。如果是在用餐或酒席上，倒不必太花腦筋去應付。倘若是在公司裏，正式地被問及時，可不要一點頭腦都不用地信口開河。

要先抓住對方的意圖，再慎重地回答。

③暫停一會兒

對付無法立即回答的問題，不要著急，先以言詞托延一下，趁這當中努力想出恰當的對答。

④也有不能回答的問題

縱然自己知道答案，但却是不可回答的問題，就應拒絕對方的質問。事關人事方面的情報，屬職責上不能洩露的問題，當然可以保持緘默，千萬不要被對方套出口風。

1 被專家問及自己不甚清楚的事時，該怎麼辦？

A先生的工作是代理商，做促銷買賣。

代理商有形形色色。其中，最近才往來的Y公司的B先生，最令A先生感到頭痛。他經常拿一些自己已經知曉的問題來問人。而且，還會不經意地以一些無關工作的事考人。有一天也是這

明知而假裝不知—對方的眞意何在！

樣：

「喂，行銷策略指的是什麼啊？」

三番二次，類似的爲難，已經使A先生大感疲憊。今天又被連問三次，到底該不該具實回答？實在傷透腦筋。事實上，對於行銷策略的知識所知有限。如果答說不知道，會被當傻瓜，到底該怎麼處理？

▨面對不同的人用不同的方法

明知故問的人，有下面三種類型：

①含蓄型，雖然自己知道，卻不經意地發問。

②故意試探對方懂多少，找人麻煩的壞心眼型。

③站在教育的立場，以自己的見解考問對方。

這三個類型當中，最棘手的是第②型人物。老老實實地回答他，可能會擺明地回應你：「早就想問問你了。」或者還會捉挾地追問：「沒有其他的答案嗎？」眞是令人討厭的傢伙，千萬不要認眞地和這種人打交道。

▨捧對方，讓對方發表意見

但是，對方既然是客人，也不能失之無禮。「您是說……」先停頓一下，然後說：

「B先生您懂得比我多嘛！」

「哦，沒這回事，不懂才問你的啊……」

「哎，B先生您對新情報最精通了……」

一邊捧對方，讓對方無意中說出來，是應付這種人的最佳辦法。如果，B先生還在那兒推托支唔的話，就把話題轉開，進入正題。

2 剛交貨時的機器卻發生故障時，該怎麼辦？

以高性能為號召，剛銷售出去的機器，何其不幸，竟然發生故障。修護技師趕忙到客戶處處理，可想見客戶那張臉孔有多麼難看。

沈不住氣的客戶，悻悻然地要求說：「這種機器退貨算了！」

「但是，才剛購買的新機器……」

「所以才退貨啊，現在就解約！」

當然，以修護技師的立場是無法立即答應的。若是你，該怎麼辦？

▨不可輕易地同意對方的說詞

這個個案中，本來性能良好的機械，才啓用就故障二次，造成顧客的索賠要求。雖然顧客要求解約，具備充分的理由，但是不能立刻就答應，況且一名技師，也沒有這樣的權力。因此，這時候的應答方式關係重大。

▨死皮賴臉地要求再給一次機會

一開始，先把責任劃分清楚，對客戶說明：

「這麼重大的事，不是我個人可以決定的……」

這麼一來，客戶也許會說：那麼叫上司來吧。趁這個機會，再婉轉誠心地要求客戶：

「請再給我們一次機會吧！這個機械是最新機種，雖然連續發生二次故障，保證今後絕不會再有類似的狀況發生。萬一眞的再發生故障，屆時一定請上司一同前來。但是，這一次，請無論如何，要給我一次機會。」

這樣出自肺腑的要求，客戶也會心動。

如果你只憑自己沒有這個職權爲由，大意地說：「那麼，您跟公司連絡吧！」一定會火上加火，讓客戶氣得非得解約不可。

3 上司問及同事的私事時，該怎麼辦？

有一天，陳君突然被課長問及：「對於B嘛，你的看法怎麼樣？」

一時間陳君不知道如何應答才好。

這是關于人格性情的問題，如果回答，無異是說人背後話了。但是，課長卻積極地追問，到底爲什麼？

▨慎重地抓牢詢問者的意圖

被詢及對工作的意見時，答不出來實在令人傷腦筋。若是針對人格評價的問題，非得慎重處理不行。

首先的要訣是掌握對方的意圖，觀察上司的心意是屬於那一類型，譬如：

①只是靈機一動的發問。
②爲了確認自己的見解。
③對自己的看法不確定，想參考屬下的意見。
④爲得到一個公正的評價，而詢問其他部屬的意見。
⑤故意在前輩、後進之間造成對立，使彼此心生暗鬼，再由此操縱他們。

判斷妥當之後，再考慮如何應答。

如果是屬於①類型，說法、口氣都會比較輕鬆，不難立刻判斷出來。自己只要順水推舟，把話題轉向就可以。有問題是②～⑤的類型。

1 先做不解狀，觀察對方的反應

無論任何一種情況，都先做不解狀地側頭沈思，迅速觀察對方的反應。「嗯，他是個好人吧……」對方若是這樣反應的時候，是屬於第③類型，不必太在意。

稍微沈默一會兒之後，不妨反問課長「不知您的看法如何？」試探他的反應。

如果是②、③的情況，上司應該會說：「我個人的看法是……」把自己的意見說出來。如果和你所想的一樣，就表示同感。否則，就把自己認爲不同的地方陳述出來。

缺點也僅止於大家都認同的地方，如果有上司未曾注意的，也點到爲止就可。

2 「我只跟你說」這句話是危險信號

如果上司說「我只跟你說」，則屬於第⑤類型的機率相當大。

假使對該前輩也不具好感，按捺不住地也對上司說「這些話只跟您提而已……」，隨意地就大發議論的話，正中上司下懷。你所說的話會立刻傳入該前輩的耳中。

對於第⑤類型的應答法，只要佯裝一概不知，願聞其詳的表情就可。

4 上司問及探病的情形時，該怎麼辦？

K君做事有點冒冒失失，但是個性開朗，頗得大家好感。

一天早上到公司不久，就被叫到經理室去。原來課長今早突然身體不適住進醫院，經理對K君交代說：

「我本來想親自去探望，但是今天有個重要的客戶要見面，抽不開身來，你暫且去探望一下，看看情形如何？」

於是，立刻趕到醫院去。幸好課長只是單純的操勞過度，病況並不嚴重，只要休息二～三天，就可以出院了。

世界是圍繞在自己周遭的人—容易誤蹈的失敗

放心地回到公司，經理問起「怎麼樣？」

「哦，那家醫院眞大，不過太遠了，坐車花不少時間……」

焦躁的經理，不禁大叫「我不是問你這些！」

K君嚇了一跳，一時之間不知道該如何回答。

確定好「怎麼樣？」的意思

冒失的K君誤把「怎麼樣？」的詢問，解釋爲自己心情狀況的問題，草率應答的結果，終於惹來經理的大聲怒斥。對於「怎麼樣？」這個問題，必須先確認它話中的本意後再應答。

以K君的情況看來，經理想知道的，應該是課長的身體狀況才對。

一邊道歉，並把結果呈報上去

「對不起，因爲課長的狀況良好，我一時高興，就說了一些不關緊要的話。」

「哦，是這樣啊，沒什麼大礙啊！」

「聽說只是過度疲勞，只要休養二～三天就沒問題了。」

「這樣就好。哦，辛苦你了！」

這麼一來，經理的怒氣應該也會平息。

5 不懂上司的意思時，該怎麼辦？

S君是企劃部門的科長，處理工作正確又迅速，早已是公認的人材。能者多勞吧！因此經常被派遣出席重要的會議，經理或其他部門的課長也常徵詢他對工作的意見，或者麻煩他代理某些事務。

他的直屬上司，對他的能力也給予肯定，所以，他幾乎沒有休息的空暇。

有一天，突然被一位課長叫住。

「啊，那個幫我整理好了嗎？」

一瞬間，S君却想不出「那個」指的是什麼。但是，課長是一副他應該知其所以然的口氣，所以，也猶豫該不該詢問課長是怎麼一回事。

心裏想「這下糟了」時，也許是課長注意到了，本來脾氣就不好的課長，於是一臉不高興地責問：

「還沒處理啊？到底要到什麼時候才辦？」

這麼一來，更不敢問究竟是那件事，碰到這種情況該怎麼辦？

強調自己的繁忙以維護立場

積極進取的工作人員，總有一堆繁務在身。因爲也具備有相當的自信，對於受委託的工作，無論如何都會儘力完成，自然更得到大家的信賴。

所以，管理階層的人應該留意，不要讓這樣難得的人材，被工作壓得喘不過氣。

如果上司有這樣的缺失時，只有自己設法防衛。換言之，要經常把「忙」掛在口上，造成你的工作負擔已經過重的印象。

像這個例子，也是要強調自己的繁忙。

當一個人極端忙碌的時候，不意間被人問起「那個」時，往往會想不出「那個」指的是什麼。

所以，先了解這二點之後，再思索如何應答。

表現驚訝的表情再做說明

這時候的應對法要摻雜一點兒動作表情。

當然也要注意各人的性格做不同的應答。首先，應表現得相當困惑地說「啊，對不起」。然後，不要介意對方懷著怒意所說的「什麼時候才開始辦？」用一副相當驚訝的表情說：

「實在是每天被工作逼得團團轉，一時被課長您這麼一問，突然腦袋變得一片空白。」

縱然是再不好相處的課長，對這樣的解釋也會變得平心靜氣。

「啊，你也是太忙了，並不是故意要嚇你，我指的是那個設備計畫資料的事。」

如此，「那個」的眞相就大白了。知道對方所指爲何之後，再確認完成的日期即可。

6 提出的文件有錯誤時，該怎麼辦？

會議席上，分配給與會者的資料當中，有一個顯眼的部分出了差錯。Y君當場被上司詰問：

「喂，怎麼出這種差錯？」

爲什麼？連自己也搞不懂。會議席上的每個人把視綫全投注在Y君身上，等他解釋。

道歉當中，把解決的方案提出來。

出差錯不是光道歉就可以

人有時會不知所以然地提不起勁，心浮氣躁。因此，無意間出的差錯，也說不出所以然來。

Y君這次的差錯，並非因爲製作資料時過於繁忙，或是手邊有一大堆雜務要處理而造成的。

同事K君，前幾天也是犯了類似的錯誤，被上司刮了一陣。這下輪到自己，除了道歉別無辦法。但是，上司才不理這一套，劈頭就罵：

「不是道歉就可以解決的！」

因爲，上司感覺到又犯同樣錯誤的危險。

表示絕不再犯同樣差錯的方案

被問得不知如何應對時，要立刻再謝罪。若對方不滿意，當然會再追究下去。

Y君應該也知道K君所犯的差錯，所以，只

要表示不再犯類似的差錯，提出具體的方案就可以。

「我的確留意過，但還是出了差錯，請原諒。這些重要的資料，我會再做核對的工作，只要找個人幫我一起核對，就不會再有類似的錯誤出現。」

具實地把解決方法提出來，上司應該會原諒才是。另外要切記，不要說是自己「粗心大意所造成的」，這樣會丟盡上司的面子，千萬要記得。

7 無法扼要地說明問題時，該怎麼辦？

會議席上發生這麼一件事。素來就與S君私相較量的A君，突然對S君提出這樣的詢問：「所謂的系統，若用一句話來解釋，怎麼說才好？」

平常掛在嘴邊的名詞，大家都知道它的意思。但是，被人鄭重地要求以一句話來解釋時，却不知如何應答。而且，A君又是口齒伶俐，心機頗深的人。在這種情況下，又不能掉以輕心。

▨這是不著痕跡的惡毒詢問

要對一件事物一語道破，必須具備相當的能力。首先，要能掌握住問題的核心。第二，要能簡單明瞭地說明。

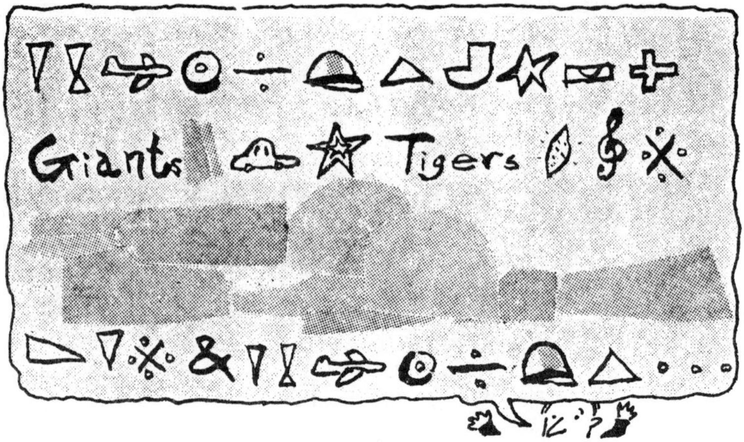

爭取時間，做個歸納也是很重要的。

突然被人這樣詢問時，要立即以右列的二個方法回答是極其困難的。

例如，一位電力公司的職員，突然被朋友問起「什麼是電力？」而無言以對的情景，相信大家都有過類似的經驗。

心思靈敏的A君就專找這種問題，讓對手窮於應付。

具實表明應答的困難，以換取思考的時間

明白其所以然，卻無法立刻回答的問題多得是，所以，老實地回答：

「這個問題問得好。不過，要用一句話來解釋可不簡單。」

這絕不是丟臉的事，還可以故意地捧捧A君，大方地說：

「不愧是A君所提出的好問題。」

接著，再平靜地說：「要我立刻以一句話來解釋，實在是有點頭大！」把氣氛平緩下來。

在這樣避重就輕的應答當中，也許腦海中就會浮現出應答的內容來。

然後，再如下簡約地把問題做一個總結。

「系統的相反詞就是混沌、雜亂無章。因此，系統是一個有組織的狀態。它是一個有目標，各個工作有其秩序的組織。」

8 被問及人事調動的理由時，該怎麼辦？

針對青少年而設計的新產品已開始進行，並且着手展開市場調查的企劃工作。以階級順位而言，這次的企劃應該由A君負責，但是，課長却指名由B君承辦。

A君當然是一頭霧水，問課長也得不到一個滿意的回覆。於是，就轉而向科長的K君詢問：

「請告訴我，爲什麼會讓B君來擔任企劃主任？」

▨回不回答都會造成問題

K君從課長那兒知道A君被刷下來的理由。若是具實相告，恐怕會被糾纏得惹來一身痲煩。

如果閉口不言，以後A君知道眞相，一定會懷恨在心。面對A君，K君有如哈姆雷特般地，陷入困境。

一般，身爲管理階層的人，說話都非常小心愼重，不會把心裏的話，一般腦兒地說出來。如果把內心話一五一十地脫口而出，恐怕會有意想不到的後果發生。所以，多半都是旁敲側擊，避重就輕地帶過。

站在對方的立場，有如隔靴騷癢，抓不住其話中的眞意。於是，處於中間位置的科長之類的人，經常就變成被質問的目標。

最妥當的回答是「我也不知道」。但是，對方是每天必須碰面的部屬，心裏可能會留下芥蒂，背地裏恐怕還會被對方暗罵「狡猾的傢伙」。

有時候，考慮到對方可能受到打擊，因此體貼地不告訴對方眞相。不過，有時也不妨把傷痛當作一次醒悟的機會，具實地告訴對方眞相，也許會加深彼此的感情。

但是，這必須視對方的性格來做答。

A君個性頑固，容易抓住一點即不肯放鬆。而且，這一點正是他未能負責企劃的原因之一，所以，課長才沒有把眞相告訴他。

不必替上司辯解，只說自己的見解

K君可以試著把自己的意見率直地說出，不必替課長辯解。就像這樣地陳述——

「其實，有一些事我早就想和你談，正好趁這個機會，讓我說一點我個人的意見。你對工作相當熱心是個好幫手。但是，容易固執於某件事，且聽不進別人的意見。往往做百分之百的判斷，絕不讓步。人免不了有犯錯的時候，別人的意見也總有它的道理。如果，不能虛心地採納別人的意見，是無法當領導人物的。

這一次的波折，對你是一個很好的試鍊。希望你把它往好的一面想，做爲下一次機會來臨的考驗。」

這樣誠心誠意表白的話，A君應該也會明白你的心意才是。

9 隨聲應和却被追問其所以然時，該怎麼辦？

走進公司附近的一家啤酒屋，突然聽到有人招喚：「啊，T君，來來，來這裏！」原來是前輩S君。他經常一副嘲弄的口氣，以捉狹別人爲樂，是個不討人喜歡的人。自己對S君不懷好感的心思，似乎也感染到S君，所以，S君對自己彷彿也沒什麼好感。

碰巧，T君出現在眼前，趁著幾分酒意，前輩有意捉弄的居心，已經歷歷在目。心想「這下糟了！」，却又不能臨陣脫逃。

只好坐在前輩的旁邊

「喂，這是我的酒瓶哦，你看，上面寫些什麼？」

開始了，不知道他要耍什麼把戲。

「喂，上面寫些什麼啊？」

「上面是空空的嘛！」

「對啊，空空的，有趣吧，空空的酒瓶耶！」

「嗯，是有趣。」

「咦，爲什麼有趣？」

自己說有趣，却反問別人「爲什麼有趣？」

到底，要怎麼回答才好。

一臉的困惑，反會挑起他更大的興致

這類型的前輩，在任何公司都會有一、二個。能言善辯，看起來頗有才幹，眞要他拿出業績，却是一點成效也沒有。

換言之，是只會說不會做的人。這種人不是讓人沒防著，就是受人輕視，得不到別人的信賴。

爲了要結束愚不可及的問答要………。

在他的意識中，也明白自己是能力比不上口才的人，所以，內心殘留著自卑感。於是表面上，就常常利用那一張伶牙利嘴來嘲弄人，以滿足他些許的自尊心。

對於這種前輩，絕不能在口頭上被他壓制過去。如果露出一臉困惑的表情，只會助長他的氣焰，更加地嘲弄人。因此，對對方滿口的「胡言亂語」，必須痛快地給予反擊。

只要明白這種人的內心是很脆弱，不堪一擊的，就很好應付。

▓好好地跟他一唱一和，再給予痛擊

既然是對方先說的，大可以反問他：

「有趣？這不是前輩您說的嗎？」

「是啊，我啊，腦袋空空的，所以才叫它做空空啊，T君，有趣吧，咦？」

這時候，如果你也說「是啊，就像前輩您一樣。」，就踏進他久候的圈套。

所以，先做一下深呼吸，把回答的方式轉個方向。「哦，原來如此。空空啊，就好像腦袋空白得像一張白紙似的，這個表現法眞不錯。」

這一瞬間，前輩心裡一定會有被人刺一刀似地隱隱做痛。T君就可以趁機拿起酒杯一飲而盡，然後，就此告退。

再待下去，對方一定會再找話題反擊，所以，好好地和他唇槍舌戰一番之後，立即揮揮手說再見。

第七章　化解難關的說話術

●必要場合，講必要的話

要說一些讓對方覺得心花怒放的話，倒也不困難。但是，在現實的商場界，有時候你卻不得不說一些使對方生氣，或者被當作傻瓜似的話。

覺得說不出口而一拖再拖，不但會令你更加開不了口，而且，當眞相大白的時候，會被責問「爲什麼不早一點告訴我！」這麼一來，你的評價就大大地下降了。

我也有過胆小、懦弱的時候，對於說不出口的話，總是沒辦法坦然地說出，因此，吃了不少虧，也給別人帶來麻煩。

說話的技巧是要抓住要點，適時地的把內容做最有效果的傳達。所以，滿嘴嘰哩呱啦、說得天花亂墜，在必要關頭卻開不了口的人，算不上「能言善道」。

那麼，要如何才能把一件說不出口的事，巧妙婉轉地表達出來呢？

①早做決定

「說不出來的話，更要早一點表達」，是第一要點。時機一錯過，更叫你開不了口。

②緩和對方所承受的壓力

直截了當地把「不，No」向對方表白的話，會刺激到對方的情緒，造成彼此的不快。尤其是對於長輩、上司，更不能用直接的拒絕方式。

如果是充滿自信心，人格又相當優秀的人，對於對方毫不留情的反動言語，會平心靜氣地接受。但是，這樣的人實在太少了。

因此，最好的應答方式是「啊，是這樣的啊！」「原來如此」，先正面地接受它，然後再婉轉地把自己相反的意見，以「我覺得……，不知您覺得如何？」的方式表達出來。

③提示方法

有些時候必須委託大忙人代理一些事，這時一般人往往會說：「眞抱歉，這麼忙的時候又打擾您……。」

其實，不如提示對方一些處理方法，這樣，對方承接工作的意願應該會提高。

另外，糾正別人、斥責別人的時候，總是難以開口。如果，換個講法，提示一點意見給對方，就可以毫無芥蒂地開口，相信對方也能夠順從地接受。

1 工作沒有如期完成時，該怎麼辦？

機械發生故障，上司命令要立刻修理好。但是，怎麼趕也來不及了，似乎要延到下禮拜才能完工。不巧上司又有一大堆事要處理，東奔西跑，難得碰面。

好不容易看他回到辦公室，想告訴說「全部整修完成，可能要到下禮拜二」，但是，上司却

迅速、確實地把事實呈報上去，讓上司來下判斷。

顯露一副焦躁的神態。

該怎麼辦？

▨令人不快的結果，還是早點說出來

當你判斷所託付的工作，無法在規定的期限內完成時，應該立刻向上司報告。

但是，工作無法如期完成的消息，總是難以啓口，往往害怕看見上司那張生氣的面孔，而把它拖延下來。可是，若早一點告訴上司，他或許還能想出其他的對策。

▨1報告現狀，讓上司做判斷

原則上，在發現的時候就應該呈報上去。

「我覺得早一點向您報告比較好，關於整修機械的事，這個禮拜內是絕對無法完工。」

▨2 說出耗費時間的理由

如果通報太慢要先道歉，並且把到目前的檢修經過，以及將來的做法，向上司做一個簡報。

「爲什麼不早一點告訴我？」

這樣的責難是免不了的，如果對今後的處理方針有一套確實的做法，話題仍是會順利地轉向善後對策的檢討。

但不是話說得投機就好，重要的是要把檢討經過以及將來的解決對策，提出一套主張來溝通才合宜。

同時，不論是①或②的情況，都要請上司做判斷。

2 有事卻被要求加班時，該怎麼辦？

Y君是公司的中堅幹部，工作忙碌，並且還在外面參加多項的研習。其中有一個檢討會，他擔任幹事要職，正巧今天集會，絕對不能遲到。

但是，早上經理那兒批下一件緊急要務給他的上司，看來今天可能要加班。要如何在被上司要求加班之前，說明自己不能加班的原因呢？

衡量檢討會與自己正務的比重

不顧自己一身繁忙的工作，還參加多項業餘活動時，時間的調配就不順當，該做的事反會被擱置一旁。

這樣是本來倒置的行爲，應該精簡自己的業餘活動。

同時，必須在每個月初向上司報告，有那些天必須準時下班以參加檢討會，事先向上司報備。

讓對方意識到自己必須準時下班

如果事先能按前面所學的去做，一旦可能要加班的時候，就早點向上司報告說：

「對不起，今天是要參加檢討會的日子，所以……」

謙虛地向上司請求，一定會答應的。

但是，這個例子却沒辦法如此依樣葫蘆。惟一的變通之計，就是在被委託之前，先佈下一些綫索。

當課長和科長二人正在交頭接耳的時候——最好是在這個階段之前——找一個親近的前輩，對他說：

自己說不出口的事，就假借別人之口傳達

「有個鄉親，實在有好有壞。」

「有什麼事嗎？」

「今天下午我故鄉的親戚上台北來。今天非得準時下班陪他不可。如果有人能代勞，不知道多好！」

話就說到此為止，然後，藉故上厠所地離開坐位。

不久，科長召集部門職員集會，下達今晚加班的指示。這時候，前輩就會替Y君解釋無法加班的理由。

不過，這個方法是窮途末路的最後一計。

3　要說服已明確表示拒絕的人，該怎麼辦？

各課科長間有一個定期舉行的檢討會。司儀是輪流擔當，總務課的事務負責人K君，於是請求剛升上科長的S小姐擔任這次的司儀。

「開玩笑，我怎麼擔當得起？」

才開始就被拒絕，一點遊說的餘地都沒有。

但是，已經向對她相當器重的總務課長請示批準過了，這下子要再向他報告「被拒絕」，豈不是一點立場都沒有。

鼓起勇氣再度到S小姐那兒遊說，不料S小姐卻先發制人地說：「若是上回的事，絕對沒有辦法。」

這麼一來，更不知道如何應對了。

找出被拒絕的理由，突破對方的心理障礙

一旦被人拒絕，要再要求對方首肯，並不是件簡單的事。以推銷員來說，第一次被拒絕之後，再前去訪問的機率就減少百分之七十。更何況，鼓起勇氣再次登門拜訪的時候，又吃了一頓閉門羹，這不是令人覺得畏縮退懼，就是叫人知難而退，不知如何應付。

但是，換個角度來看，拒絕自然也有它的理由。如果知道它的理由所在，就不見得全無希望，還可以燃起再度挑戰的勇氣。

以這個例子來看，可能有下列的理由。

①自己擔當不起司儀之職。
②害怕失敗丟臉。
③有心一試却不得要領。
④不是不能是不想。
⑤對別人的請求方式不滿意。

S小姐是位工作能幹的人。①~③是自己想得過多造成的。但是，怕在男性面前表現失敗而丟臉的女性心理，從此也可做爲一個綫索。所以，必須提出讓她覺得安心的建議。

準備幾句「甜言蜜語」解其心中暗結

先深呼吸一下，然後儘量開朗地，略帶一點窘態地搔搔頭說：「啊，又被妳識破了！」再接下來遊說。

上次沒有好好地說明，唐突地要妳做司儀，眞是抱歉。」

「我實在擔當不起啊！」

「其實，自己覺得沒辦法做的人，才是眞正對司儀一職有所考慮的人。妳也知道沒有一個人，天生懂得司儀該怎麼做啊！大家只是輪流上陣而已。」

「是嗎？」

「會議的進行方式有一套參考資料，妳可以作爲參考，況且妳的工作能力又強，絕對沒問題，一定可以做得比別人好。」

「但是，我從來沒有做過……」

「所以，做做看才能得到經驗啊！」

然後，再加一句：「而且，總務課長也說要替妳加加油。」

總務課長是她最欣賞的人，於是她欣然接受了。

「好吧！我就試試看。」

4 上司出爾反爾時，該怎麼辦？

事先向上司請示過，而且一再確認無誤的事，一旦要求上司付諸行動時，上司却一副佯裝不知的表情，還強辯：「什麼，我一點都不知道。」

這麼顯而易見的謊話，不由得叫人火冒三千丈。但是，他是上司啊！眞想對他反唇相譏，不過，這是下下之策。若是摸著鼻子就告退，反倒變成是自己的過失似的。不過，要怎麼開口應對，倒是個難題。

▨追究對方為何佯裝不知的理由

一而再地確認過的事，對方不可能不知道，分明是疏忽掉了！

然而，對方却不願坦承錯失，可能有下列幾種情況：

①上司的面子問題。

②想試試部屬的反應。

③上司本來就是糊里糊塗。

想想上司是屬於①～③中的那一個類型。

不論如何，千萬不可以鐵青著一張臉，表現絕不再拜託你的態度出來。

▨1顧及上司的顏面，自己先讓一步

縱然明知是自己不對，因為面子問題，往往不容易低頭認錯。這時候，就要退一步說：

「對不起，可能我的請求方式不對……」

如果是出自①②的原因，上司在這個時候，也會表明自己的過失。

▨2大聲地反問

如果是③的類型，就要大聲地，並且故意環視周遭的人，對上司說：

「那時候，您明明說『我知道了』的話嘛——」

這麼一來，上司再也不會迷糊不清了。

◈對付逃避責任、佯裝不知的上司◈

也有一些上司是一旦發生問題，爲了逃避責任，即故意裝作毫不知情。

「什麼？我一點都不知道啊！這麼重大的事，卻不事先向我報告，不是搞得大家都頭痛嗎？這件事你要負責。」

他們的說詞就是這副調調。

對付的方法，大致和第③類型差不多。不過，一旦陷入——我說了，我沒聽到——之類的死擡槓的話，身爲部屬的人，立場總是較不利。

不過，部屬對於打小報告總是比較專長，這時不妨利用打打小報告來對付這種狡猾的上司。因爲，沒有比小報告更能清清楚楚地傳達給對方了，這是上班族的護身王牌。

5　功勞被上司獨佔時，該怎麼辦？

老早就下足了工夫，頻頻向A公司遊說爭取訂單。終於辛勞沒有白費，獲得大量的訂單。

由於，這是公司初次和A公司達成交易，對方希望由負責人出面簽訂契約。於是向課長報告始末，並和課長到A公司順利達成簽約工作。課長也高興地連連讚許：「都是你的功勞啊！」

但是，隔天的公司會議上，經理却把這件交易視若課長的功勞，當衆發佈。絲毫沒有提到自己的名字，非但如此，課長竟然也是一副理所當然的神態。

這到底算什麼嘛！

畫分組織的力量和個人的力量

部屬心有不服是不難想像的，因爲大家都認爲，上司應具有「功勞歸部屬，失敗歸上司」的態度。

但是，這種想法本身也有問題。

的確，說動A公司而達成協議的是部屬，但是，這後面是有公司的形象、信用在做支柱才促成的。如果，只想一個人獨佔功勞，在組織內就沒辦法順利做事。必須要有這是大家的功勞的觀念才行。

相反地要多多拍上司的馬屁

抬舉上司，誘導他進入你的掌握──操縱上司的高明戰術

「關於A公司的交易，全是課長您的功勞。因爲您的出面，對方才信任我們，放心地跟我們合作。」

這一類的恭維話，最好在衆人面前，多多地讚揚幾句。上司如果是個聰明人，應該會了解你的用心，一方面也在意其他人的反應，自然就會回應你「啊！我只是掛名而已，其實你才是大功臣」。

這一句話就可以完全拂去部屬心中的不滿。

但是，有些上司却不識部下的刻意奉承，偏偏擺出一副這樣的神態。

「是啊！若不是我出面，搞不好他們還不敢簽約呢！」

或者，心想：「這是課內的工作，理所當然，何必你來道什麼謝！」而大大地瞪視部屬。

若是碰到這種人，已經是關于他個人的人品

問題了。所以，這種上司會被部屬瞧不起，也是其來有自，怨不得人的。

6 要說服頑固的上司時，該怎麼辦？

每個禮拜各分店都必須送資料過來審查，但是這一次卻怠慢了。為此，課長被經理刮了一陣。

於是，T君被叫到跟前去。

「T君！這不叫人頭大嗎？各分店送審的資料慢了哦，趕快送一封緊急文件到各分店催一下。經理也這麼說。」

最後一句話是課長自己加上去的，碰到這類事，他總是要這種花招。

但是資料之所以延誤，是因為各分店都忙著應付旺季的業務推展，因此來不及準時提出。並不是故意怠慢，下個月就會恢復正常。在這個節骨眼，硬要催促他們，反會惹來不快。

T君很想把這些情況向課長說明，並且也反對用文書的催促方式。但是，課長一聽到部屬有異議，就會感情用事，而且牢牢記恨在心。T君並不想惹這樣的麻煩，因此進退兩難。

▨一邊表示同意，一邊讓他明白問題所在

不喜歡部屬發表議論，大概是身爲上司者共通的傾向。雖然，在理智上明白必須重視部屬的意見，但是，自己的意見被否定，仍是很傷感情的事。

當然可能是出自面子、自負，或者怕失去自信等原因，而不願聽部屬相反意見的陳述。但是，一位明白事理的上司，只要對他好好地分析理由，一定可以令他心服。

問題是，碰到一個因失去自信而激怒的上司。一旦怒氣沖上心頭，什麼也聽不下，這下就麻煩了。

這個例子中的課長就是這種類型的人。當他被經理指摘的時候，已經失去冷靜。

「啊，不要這樣做比較好！」

如果正面地給予反駁，他一定會臉色大變，對你咆哮大罵。

最好的辦法是，一邊表示贊同，一邊引導他注意自己疏忽的地方。

提出疑問，讓上司警覺問題所在

不要說「不」，先溫順地接受命令，然後再提出疑點：「不過，每次都如期交付的資料，這一次爲什麼會慢了呢？」這是故意讓課長留意到問題的所在。

接著，稍做停頓之後說：

「現在是公司業務最繁忙的時候，也許是因爲這樣才遲誤，去年好像也是如此。」

「但是，該送的資料也是早就知道的啊！」

「是啊。不過，現在已經有很多分店的資料到齊了，再等個一兩天，我想都會送過來的。在這麼忙的時候，如果用文書去催促，分店長一定會大發脾氣。分店長裏頭，多的是麻煩人物。」

最後一句要加重語氣。內心突然豁然開朗的課長，這時候就會改變初衷。

7 眞心的讚美卻被指爲拍馬屁時，該怎麼辦？

S君到公司整整十年，目前卅三歲。總算快升上「長」字輩階級了。這陣子最令S君頭大的就是。所接觸的人大都是公司的大人物。

有時候必須陪經理到客戶那兒，有時還得向常務報告下一期的營業計畫。公司之外，和一些重要的負責人接觸的機會也漸漸增多。在這些場合，雖然也想說些讚美對方的話，但是S君却怎麼也開不了口。

話說今天，對經理領帶的色調、搭配，實在是出自內心地想要好好讚美一番。

但是，由於表達得不好，顯得有點唐突。不出所料：「啊哈哈……不行啊，連拍馬屁也欠高明！」

被經理一陣嘲笑帶過，眞是懊惱。的的確確是出自內心的讚美，爲什麼說是拍馬屁……。

拍馬屁的三原則

誇讚上司是很困難的。表現得不好，往往被認爲是拍馬屁。即使是出自內心的眞話，也被嘲弄是「你啊，連拍馬屁也不行」。甚至會被人暗地裏瞧不起，「那傢伙連馬屁都不會拍」。到底該怎麼辦？

在此，就列舉拍上司馬屁的三大原則供做參考。

①要讚美就理直氣壯。

不管是否會被認爲是奉承、耍小手段，倘若說起讚美話來心驚膽跳，則一點效果都沒有。S君既然想讚美上司，就要滿懷自信，大膽地說出口。

②對工作外的事之讚美。

工作能力本來就是上司居上，由部屬訴說成敗是反客爲主，大爲失禮的行爲。倒不如對上司的興趣、愛好、交游的廣濶等等，儘力誇獎大加讚美。

③平常就仔細觀察對方，找一些當事者沒有留意到的地方拍拍馬屁。

立刻撤退，等待下次機會

最重要的是第①個條件，要大大方方地去讚美。

但是S君在當時已經錯過了恰當的時機，再要說一些美言美語，反而顯得囉唆。這時候最好是說：

「並不是存心那樣說的，都怪我嘴笨，對不起。」

然後，就立刻告辭。

接著等待下次機會，花足工夫來讚美上司。

8 向百忙中的上司催稿時，該怎麼辦？

K君剛受任爲總務科長。這個月的公司月刊曾向管理經理邀稿，但是，明天期限就到了，却不見經理連絡。

這位管理經理是公司的超級大忙人，經常東奔西跑，連坐在辦公室辦公的時間都沒有。他大概是利用回到辦公室的短暫時間來趕稿吧！不過，成果似乎不太理想。

由於邀稿的題目是「針對防止意外之我見」，是這一次公司月刊的重要記事，沒辦法臨時撤消。

當事人似乎也很在意，倘若一直催促他「還沒好嗎？」恐怕會招來反效果。

話雖如此，一旦延誤交稿的時間，就是自已失責。

▨催促要有技巧，刺激對方儘速完稿

到必須催促的階段時，有的人就會後悔，早知道不要叫大忙人寫稿。抱持這種消極的態度，工作就沒辦法積極向前推展。

在公司裏，任何人都是大忙人。既然拜託了，催促的工作是免不掉的。只要催促得有技巧，就能讓對方完成承諾。

這個例子就要看催促技巧的好壞來決定。催促的重點有下列幾點：

①已經確實地着手處理。

②當事者也相當在意。

③當事者的性格、心理狀態。

①和②的狀態下，緊迫盯人的催促會招來反感，但是，過份客氣反而很難開口催促。考慮對方的性格、心理狀態之後，再用輕鬆開朗的語調來試探最好。

▨告訴他「別人的稿件已經完成了」

「經理您好像一直都很忙嘛！」用這句話來觀察經理的反應。

如果他心情顯得不太好的話，就簡單地表明，「上回痲煩的事情多多幫忙。」然後趕快撤退。

「看你的臉就知道是來催稿的。哈哈！」如果是這麼神采飛揚的回答時。

「拜託業務經理執筆的稿件，聽說快要完成了。總務經理也問起您的情形，我回答他就要完成了。」

「喂，頭大了，我還沒完稿耶！」

「請明天以前儘量把它完成吧！」

「知道了！知道了。」

諸如此類的應對是最好的。

9　要繁忙的部屬再接受新任務時，該怎麼辦？

Y君擁有五名部屬。每個人都很賣命地工作，尤其是K君到公司七年了，什麼事都處理得妥妥當當，經常東奔西跑，要談生意、開會、出差、做資料……，工作堆積如小山般高，一點兒空檔也沒有。

這時候，却有一件工作必須由K君來擔任，因爲企劃部希望他也能參與企劃的工作。

他那麼密密麻麻的行事曆裏，還要加上這一個工作，身爲科長的S君也難以啓口。但是，却又不能放置不管，當向他表明意示之後。

「我實在是忙不過來，根本沒有時間嘛！」

臉上佈滿爲難的神色。

這個時候，身爲上司的人是該知趣而退？還是硬著頭皮再拜託一次呢？

目前的組織系統不改，沒辦法解決

如果有一位多才多藝的部屬，上司常會將事情委任他去辦理。但是，這麼一來容易造成諸如此類的弊端。

①工作分配不平均。

②該部屬不在，工作就停滯不前。

③無法訓練其他部屬。

當然工作是沒辦法機械性地平均分配。不過，平常就應該留意，讓五名部屬輪流處理各項事務，才能把他們的能力都提高。

目前這位K君能站在自己的崗位，善盡職守，毫無一點驕氣，倒是令人放心。不過，應該以這件事例爲戒，重新正視工作量的分配。

只安於現狀，而一味地持低勢來請求的話，這個領導位置就岌岌可發了。

以協助其他工作做為交換條件

可以用下面這個法子。

「其實，我看你的工作這麼多，也爲你擔心。只是，這一次參與企劃部的工作，是該部指名希望你參加，我也認爲你的能力足以擔當。如果你忙不過來，就由我替你出馬。」

上司要代爲出馬，足以讓部屬感受上司對這件事的重視，也讓他覺得有愼重考慮的必要。

在這個關口，要補上一句：

「一旦有機會，我會把你的某些工作交給其他人處理。關於這件事，這個禮拜內好好地再考慮。」

以沈著的態度這麼告訴部屬就可以。

10 要自以爲是的部屬做記錄時，該怎麼辦？

只要交待A君處理的事情，他一定辦得妥妥貼貼，而且記憶力超群，並且相當自負。只是，在聽上司指示的時候，從來不做筆記，而且雙臂交握，神氣十足。

現在又擺出這副姿態來，一副催我趕快說下去的神情。

眞是狂妄自大的傢伙，要怎麼治他？

▨讓他意識到自己那旁若無人的神態

世界上記憶力超群的人多的是，這沒什麼值得驕傲的。

把自己的記憶力拿來誇躍是不對且幼稚的行爲，原因是萬一記錯了，會造成其他人的庥煩。

再者，聽人說話的態度會越來越差，很容易遭來排斥。所以，要讓對方明白這當中的利害關係。

▨向他表明「說話者」的心情

「你的記憶力，實在沒話說。不過，把它充分地發揮在腦力的精進，不是更好嗎？
況且，在聽重大的事情時，就算裝腔做勢做做筆記也好啊！否則，講的人一點意思也沒有。
」

讓他懂得站在別人的立場，替別人設身處地設想是最重要的。

11 要對降職的部屬鼓勵時，該怎麼辦？

公司營業管理部門，已經發佈命令，要左遷部屬B君在轉交公文之前，必須事先告訴A君。

B君平常的工作態度就時好時壞，糾正他後就顯得頹喪，好幾天都沒精神。這一點，經理曾嚴厲地批評過，所以，這次的人事異動即決定要左遷B君，B君受此打擊，必定會使他一蹶不振，到底該如何開口呢？

找一個恰當的場所，指出其問題所在

要讓他知道，在公司三〇～四〇年的時間，有如馬拉松賽跑，並明白地指出，B君那種時好時壞，陰晴不定的工作態度是徵結所在。

同時，找一個恰當的場所告訴他眞相，譬如咖啡店、飲酒的地方等等。

舉一些具體的目標激勵他

「你只要把因一點小事就受挫頹喪的性格改一改，一定可以振奮起來。在公司的日子長得很，把這一次的異動當做一個轉捩點吧！

今後只要留意，①提高工作的業績②擴展人際關係③凡事都採取積極的態度。好好地努力，不要怕跌倒，要積極站起來。」

舉出這些具體的事例來說服他，成效比較大。

12 要告戒不催不做的女職員時，該怎麼辦？

Ｊ小姐到公司二年了，交待她辦的工作，雖然會完成，卻經常不向我報告工作的進度。不催促她，就不會自己前來報告。

「Ｊ小姐，那件事怎麼樣了？」這麼問她時，「已經連絡了」就只有這麼簡單的回答。雖然想好好地指正她這個缺點，又怕搞僵了，大家都沒有好臉色，故一直拖延下來。

有一次，像往常一樣催她時。

「交待的事，當天就辦好了啊！」口氣好像很生氣的樣子，我也忍不住發火。

「做好了不向我報告，我怎麼知道！妳啊，不催就從來不會主動前來報告，要說幾次才會聽啊！」

用毫不客氣的語氣，這麼怒斥她。

結果，她嘟著腮幫子，把頭轉到一邊去。

▨徹頭徹尾的怒斥，會招來反效果

報告的要領

先說結果
再做內容報告
立刻報告成果
外出時，留下傳話
內容要正確

女性的感情起伏比較激烈，要不觸怒她而指正過失，通常都不容易，所以，大多數的人都會忍下來。結果，往往因爲某個導火線，把平日的鬱氣一起爆開來，就演變成這種罵得體無完膚的下場。

要指正女性的過失時，失去理智的大聲怒斥是最要不得的做法。

不是罵，而是提示方法

對方在這個時候，會認爲你是在指摘她的過失。該怎麼做才好？如果以提示的方式來指正她，就可以輕易地糾正她的過失。

「那麼，如果妳這樣做的話，如何呢？」

這句話比起「不是那樣做啊！」的效果要大。

「××小姐，聽說有一個做報告的要領，你

知不知道？」

「什麼呀？」

「我在一本書上看到的，還蠻有道理的。」

「咦，教教我吧！」

然後就借機把工作的要領告訴她，下一次當她忘了做報告時，就說：

「咦，那個要領是怎麼說的？」

這麼一來，她就能立刻會意過來。

另外有一點，平常就要留意對待女職員的態度。

如果把女職員視爲是次等職員，充其量只是男性的助手的態度時，會招來反感，一旦向她指正什麼事時，就會惹來一大堆的反擊。

第八章　電話應對的技巧

●掌握電話應對的要領後再虛心應對

談話的時候，對方就在眼前，所以有二個特徵。

①可以利用言語以外的表達方式。

②彼此共處於同樣的狀況。

但是，電話中的應對，雖然也是彼此談話往來，對方却不出現在自己面前。

所以，電話應對的特徵是——

①只藉助言語來傳達意思。

②對方的情況看不見。

某公司有一通誤撥的電話進來，接電話的人只說一句「不對」，就把電話掛了。緊接著，同樣的人再度誤撥電話過來，他粗里粗氣地說「不對啊！」咔察一聲，又把電話切掉。

這是因爲對方不在眼前，才有的疏忽。如果對方在自己面前，絕對不會有這種不禮貌的行爲。若一開始能客氣地問對方說：

「請問您打幾號？這裏是○○號哦。」

應該就可以避免第二次的失誤。

避免電話中的應對疏忽，簡單地說有下列幾項方法。

①**利用看不見對方的特點**

想要掛斷喋喋不休的電話時，可以說：「對不起，現在有一通長途電話進來。」有時說說謊也是應變之道。反正對方看不見這裏的情況，這樣的謊言是可以原諒的。

②**考慮原則的應用**

電話的應對中，原則上打電話與接電話的一方都要自報名稱。但是，如果雙方同時報自己的名字，就撞在一起了。

所以，接到電話時，都會先問：「請問是那一位啊？」這樣便可以預防對方忘了說自己的名字。

③**清楚又帶有關心的應對**

電話應對雖說要簡單扼要，但若過於冷靜，雙方的意氣就不能相投。所以，一邊想像對方的情況，以熱切的口吻來應對最好。

1 要掛掉喋喋不休的長電話時，該怎麼辦？

工作中，如果來了一通話講得沒完沒了的長電話時，會叫人不由得焦急起來。有時候，還會使工作沒辦法進行下去。

現在，Y君正積極趕製下午三點開會用的資料，突然桌上的電話響了。原來是客戶打來查詢的電話，但是，對方的談話一點要領也沒有，拉七雜八講個沒完。

如果告訴他「現在正忙著」，而把電話給掛掉，依對方那種小心眼的個性，恐怕以後會故意找麻煩，眞想趕快掛掉電話，但是該怎麼說？

必須要留意避免影響對方的情緒

家裏的電話想怎麼長談都沒關係，但是，公司的電話是大家所共有的，不可以依自己的喜好而談得沒完沒了。彼此應該留意簡單與扼要的原則。

所以，沒有必要理睬這種長舌電話。原則上，向這種對象要求「簡潔地把問題講明」，並沒關係。

但是，如果對方是重要的客戶，或是難以相處的客戶時，這個原則是行不通的。如何不傷害影響到對方的情緒，又能趕快地掛掉電話，才是最重要的。

1 假裝有急事而結束談話

首先要利用電話談話時，對方看不見的優點。

當對方的話告一段落時，故意稍微大聲地說：「啊，對不起！」

當對方說「咦？」「什麼事啊？」的時候，就說「現在我必須到廠商那兒啊！」這時候說說謊也能應急。

不過，這個方法經常有人使用，所以，較好的托詞是：「現在，我有一通緊急電話進來，實在抱歉。」

若是對方也反問說：「我這邊也是緊急電話啊！」就向對方表明：「那麼，請您簡短地說好嗎？」

這種應對方法絕對不可以說得心虛聲弱，要煞有其事地大聲通報。

2 將對方的話做個小結，並確認其意圖

第二個方法是，反問對方電話的要點，做個小結論，以縮短對方的談話。

「是不是要查詢○○契約的事？」

「那麼，您指的是A、B、C那三個要點？」

趕快隨聲附和對方，這樣對方也會覺得意氣相投而大爲欣慰。

2 通話中上司在一旁插嘴時，該怎麼辦？

T君的上司是個聰明能幹的人，碰到困難的工作都能靈巧地處理妥善，遇有任何麻煩的交涉也能順利解決。基於這種幹勁，他對別人的工作也經常毫不考慮地插手管。

當部屬正在電話中與客戶商談的時候，他也會在旁邊插嘴說：

「啊，那件事簡單地做個了結。」

「這樣的話，叫他們延到下禮拜吧！」

「不行，檢查手續要花很多時間，會來不及。」

就像這樣，在旁邊吱吱喳喳地發表意見。

如果故意裝作沒有聽見，他就寫在紙上遞到跟前來，叫你這麼說、那麼講等等。假設仍舊充耳不聞，事後就會被他嘀咕不停，不知道該怎麼辦？

上司的能力既然那麼強，就積極地活用

在電話看不見對方的情況下，打電話者本身，有時候也無法完全了解對方的意思，更何況是在旁的第三者。但是，却有不少上司喜歡在旁邊對部下的電話應對東指西點。

原因之一，大概是旁觀者清的心理作用；另一原因，則可能是對部屬的能力不放心所致。大多數的上司，都會十分留意部屬的工作態度。

因此，要了解上司之所以喜歡在電話中插嘴的心理。此外，越是能幹的上司，對部屬的要求

越大。

就連電話的應對，也以自己的能力爲標準到處指指點點，因此，部屬多半會覺得壓力非常的大。不過，不妨試著把自己的能力提昇到與上司相當的水準。

換言之，不要把上司的插嘴視若管閒事，把它當作改進自己工作能力缺失的準繩。當自己的能力長進之後，上司就不太會插嘴了。

另外，在打電話給客戶之前，最好先和上司照會一下。

把便條的內容大聲說

對上司傳遞過來的便條內容，如果明白意思，就要點點頭表示會意，並且，把便條上的內容大聲地向客戶說明。

當上司在便條上寫的指示，遇有不明白時，應先請客戶稍等，再向上司請示。當再拿起電話筒的時候，不要忘了向客戶解釋一下。

「對不起讓您久等了，剛才和上司請示過了……」

否則對方會胡亂猜想，以爲發生什麼事呢！

當看到便條，突然叫客戶等一下，然後對著上司說：「要我說這個嗎？」這是最差勁的應對。

3 電話中聽不清對方聲音時，該怎麼辦？

S君那個部門當中，有二位大嗓門的前輩。當這二人在講電話的時候，如果別人也接到電話，除非是躲在桌子底下，否則常會聽不清楚對方的聲音。

「能不能稍微小聲一點兒？」請他們留意的時候，會連聲對不起，暫時地把聲音放小，但是，過一會兒又開始大聲，怎麼也改不過來。聽不清楚外面打進來的電話時，實在很傷腦筋。

現在S君又聽不見客戶打過來的電話。

「對不起，聽不太清楚，能不能稍微大聲一點？」已經兩次這樣請求對方了，仍然沒辦法聽清楚。

而且，對方是年長者說話鄉音很重，很不容易聽明白，實在是有苦說不出。而且老客戶是不能隨意怠慢，若是你該怎麼辦？

▨找出聽不清楚的原因再做處置

現在連國際電話都聽得相當清楚，已經沒有遙隔兩地的實感，但是，依然有聽不清楚電話的苦惱。原因有下面兩點：

①對方的聲量太小，或者口齒不清。

②聽筒或線路故障，是電話機出的毛病。

電話的交談全靠聲音傳遞，這最重要的聲音若是聽不見，就什麼也沒辦法談。如果一而再地大聲問「什麼？」「啊？」連上司也會對你怒目以對。

有人提出這樣的辦法，「當聽不清楚對方的聲音時，自己也把音量放小，這麼一來，對方因聽不清楚就會把聲音放大」。

但是，雙方都像在講悄悄話似地輕聲低語的話，什麼事也辦不成。如果是長途電話，電話費更不知要耗費多少。要找出是①或②的原因，迅速地應對才是。

以實際的情況製造能夠聽清楚的條件

第一，在了解對方意思的範圍內，一邊反覆對方的意思，一邊進行交談。然後，在每告一段落的地方，把不明確的內容，要求對方再重述一次。

第二，如方才所說的，也可能是出自電話機的毛病，則不妨要求對方再打一次。與其大聲地叫嚷「喂！喂！」還不如趕緊要求對方重撥。

第三，如果有鄉音之類的痲煩時，反會弄亂談話的本意，所以在電話中只談重點，細節方面則要求對方用傳眞機或書信連絡。

4 對方在電話中不報名字時，該怎麼辦？

K君接起電話筒，對方招呼不打就粗野地說：「A經理在不在？」問他是什麼人時，竟然回答：「只要叫A經理來接電話就可以了！」

「是啊，但是您是？」

「到底在不在啊？」

「眞是沒禮貌的傢伙」心裏一股火，却又不能向來歷不明的對方大聲怒喝！這時候的應對法該如何？

▨猜想對方不報名字的理由後再處理

因爲有事才會打電話，所以報自己的名字是一種禮貌。

當然也有人只是疏忽掉而已，如果因此而不友善地責問「你是誰啊？」會造成對方的不快。所以，當對方不報自己的名字時，要考慮是否是下列原因之一。

①只是一時疏忽。

不說名字的不快電話——如何問出他的名字？

②私交很好，不必通報姓名。

③生氣得連報自己名字都省了。

④基於某些原因，不想說出自己的名字。

不要因對方不通報自己的名字，就表現出責難的態度，必須仔細地猜測對方的情況。

告訴對方「不說名字會被責備」

K君是資深的職員，在這種情況下，就把情緒一轉用沈靜的語調說：

「對不起。經理現正在開會，如果您有急事，我會爲您轉過去。但是，您如果不說明是誰，我會被責備，所以，眞對不起，請您……」

聽了這麼婉轉地說明，對方應該會說自己是誰了。

只是一味地急著問「你是誰？」可能會令對方更不願意坦白地告訴你，這一點要好好反省。

5 對方才等一下電話卻光火時，該怎麼辦？

正和A公司在電話中交涉延期交貨的事情時，另一個也是自己負責的B公司也打電話進來。和A公司交涉的事情十分重要，而且也快談完了，所以就向接到電話的職員說：「叫他等一會兒，馬上就好。」不一會兒掛掉A公司的電話，趕緊接B公司來的電話。

「喂，承蒙照顧！」

這麼打一聲招呼時，對方却不高興地應聲道：

「你也眞會折磨人啊！」

心想「我不是立刻就來接電話了嗎？」，對方那位B公司的課長突然說：

「我也忙得很啊！本來想下一批新訂單給你，想一想，今天別談了。」

說著好像就要掛掉電話，負責的N君不由得慌了手脚。明明不是故意讓對方等候，到底在生什麼氣？

▨考慮對方心理，盡最大的努力博取歡心

不清楚對方的狀況時，人往往會覺得不安。譬如，當父親呼喚兒子時，縱然只是一、二分鐘

還未出來，就會焦急地叫：「快來啊！在那邊慢呑呑幹什麼？」

打電話者的心理也是如此，只是稍微地等個一、二分鐘，就覺得時間過得漫長。再加上掛電話的人是客戶，那種「以客爲上」的意識也多少在作祟。況且，B公司的課長是爲下一張新訂單才打電話過來的。

對N君而言，這大概是出於一時的粗心大意吧！

當通話中有另一通電話進來時：

①讓接電話的人用最禮貌的言詞先道歉，再說：「請稍等。」

②如果通話中的電話過久，就在途中先暫停，接另一支電話，向對方說：「對不起，現在有一通長途電話，等會兒就談完了。」這樣對方才會覺得安心。

③讓接電話的人向對方轉達「讓您久等不好意思，如果方便，等會兒再掛電話給您」。

應該有這樣的顧慮來做處置。

必須儘量努力使對方心情愉快

如果全然沒有右列幾項安撫措施，又不說「對不起讓您久等」之類的客套話時，大客戶往往就會鬧彆扭。

這時候做一下深呼吸，調節氣息後，這樣回答：「眞抱歉，讓您久等了，別的電話談得太久，現在才脫身飛奔過來，實在是失禮失禮。」

稍微誇張一點，對方才會覺得高興，至少能稍稍減少對方久候電話的不耐與憤怒。所以，這一類的誇大表演不可或缺。

6 上司對電話中的話語不滿時，該怎麼辦？

景氣不好的關係，整個部門都覺得死氣沈沈。課長爲率先擴展業績，親自到客戶那兒，從事營業活動。

那一天，公司裏沒有什麼特別的事情，快到下班的時候，課長打電話回來。M君接到電話，立刻說「辛苦您了」。

「有沒有什麼事情？」

「嗯，沒什麼大問題。」這麼回答時，上司却問：

「沒大問題，那是否有什麼小問題？」

從口氣上就可以發現課長的心情不好，到底怎麼回事？M君拿著話筒却不知道如何回答——

▨只要一句話就可以使氣氛融洽

商場中的電話往來是分秒必爭，所以簡單扼要是第一個大原則。

這一點是任何一位職員都懂得的道理。但是，把它奉爲金科玉律來執守，倒也不見得就是電話應對的高手。

彼此看不見，同時又不清楚對方的狀況下，多說一句話，就能拉近彼此的距離——這一個功能千萬不要疏忽掉。

我經常爲演講到各地出差，前幾天到南部，從那兒打電話回台北的事務所。長途電話縱然不能多說閒話，但是也不能像這樣——

「沒什麼事嗎？」

「沒有。」

一、二句就把電話掛斷，這未免太冷淡了，幾乎令人懷疑打這通電話的意義何在。

如果，換一個方式這麼交談：

「這裏天氣好得很哪！」

「啊，台北這兒下著雨，眞是羡慕！這兒沒什麼事請放心。」

「這樣啊！那麼拜託你了。」相信彼此的心情都會覺得愉快才是。

像方才的例子，上司爲擴展業績親自四處拜訪，到傍晚打電話回來，一定是心裏期待有什麼好消息才掛電話的。光是「沒什麼大問題」一句話，會讓他的期待變成滿肚子的不滿。

動動腦筋來緩和上司的情緒

M君應該順應上司的期待才是。這時候要立刻回答「是」，然後接著說：

「今天沒有新的工作進來，也沒有需要連絡的事。不知道課長那邊的情況如何？」稍等做個說明，緩和上司的情緒比較好。這麼一來，上司也會反過來慰問部屬「你也辛苦了」！

電話交談中，無法和對方共處於一個狀況。因此，要時時站在對方的立場、誠心的體貼對方。這一點應該是電話應對中最重要顧慮。

7 傳話失誤被責罵時，該怎麼辦？

H君是負責銷售OA機器的營業人員，經常在外面東奔西跑。

今天依約一早就打電話給A公司的課長，但是他正在通話中。於是請接電話的人拜託代爲轉達，下午會再打一通電話給他。

下午，打第二通電話到A公司的時候，那位課長却抱怨說：

「不是說好一大早要打電話嗎？」

H君聽了，大為不解。

「我打了電話啊。而且還拜託對方傳話給您……」

「我怎麼一點都不知道！」

▨避免抬損，趕快進入本題

對於經常在外面東奔西跑的業務人員而言，電話連絡是相當重要的工作之一。把自己的工作現狀向公司及客戶雙方連絡，雖然很麻煩費事，但是，不這樣又可能弄錯雙方的連繫。

連絡不好時，客戶那邊也許會說：

「和他連絡眞難啊！」

公司裏的人如果也這麼認為：

「一旦到外面，就不知道跑到那兒去了！」

這種情況下，一有什麼事就很難得到任何人的信賴。

H君和客戶之間的連絡，從來沒有怠慢過，而且也能謹守約定。在公司方面，上午、下午都會各打一通電話保持連絡。但是，還是會發生這樣的差錯。

這個例子中，代為傳話的人忘記轉達，自己也忘了問接電話者的姓名，雙方都有失錯。所以，要在這個基點上來應對。

不必多解釋，趕快進入本題

爲了化解僵硬的氣氛，還是趕緊謝罪爲上策。

「眞抱歉。事實上一大早就掛電話給您了，因爲零錢不夠，所以來不及問接電話者的姓名。讓您久等了，對不起！」

如此簡單做個說明之後——

「關於資料不久就能拿到，我想明天就可以交到您手上。」

儘速把話題轉入主題，對方也會想起自己一大早也在通電話的事情，情緒應會緩和一些。

「是嗎？那麼明天下午拿過來吧！」

當隔天H君把資料送過去時，對方也會表示歉意地說：「我們公司內部的連絡實在也差啊……」

8 替上司拒絕一再打電話的人時，該怎麼辦？

B小姐也許是位置離經理較近，經常接到找經理的電話。經理大概也是討厭頻繁的電話應對吧，時常請B小姐代爲處理。

對B小姐而言，「經理個性隨和浪漫，替他接接電話也無妨，只是經常不知道該如何應對才好」。

譬如在這種情況下：

上午，有一位自稱是A的人打電話找經理，是爲了遊說經理加入某個集會的事而來。向經理報告之後，經理命令謊稱他不在。

於是B小姐就回對方說：「經理剛才出去了。」

但是，那位A先生下午又打電話來，經理又交代說他還沒回來。

結果，隔天早上，又打來第三通電話。

「打了好幾次電話，眞不好意思。」

A先生語氣非常禮貌，如果又告訴他「不在」，覺得有點過意不去。

這時候的B小姐實在覺得頭大。

▨如果上司仍拒絕，就以上司的意旨應對

對於經理級等高級主管，偶而會有一些加入高爾夫球場會員之類的遊說電話。如果當事人直接聽電話，就不太好拒絕，而且恐怕會耽誤工作，所以，利用不在來阻擋的例子很多。

有些高級主管會指示要對方留電話，過些時再主動打電話連絡。這或許是爲了確定對方的身

分，才如此愼重處理。但是，交待要再連絡的上司，有的却把這件事拋諸腦後。

這時，對方又會掛電話過來……這樣的電話應對實在太傷腦筋。如果上司仍是執意「No」的話，就必須依上司的意旨應對，否則居中插嘴反會惹來一身痲煩。

告訴對方「ok」的話會打電話連絡

以B小姐的立場而言，對於這麼客氣禮貌的對象，實在說不出拒絕的話。所以，要不失禮地這麼傳達。

「眞抱歉讓您打這麼多次電話。經理正在處理一件緊急公務，所以，幾乎都不在公司。讓您一而再地打電話實在是過意不去。我已經替您向經理報告了，所以，需要的話會再掛電話給您。」

如果，對方仍再掛電話來，就可以明白地回對方：「No」。

9 應對失當却被懷疑說謊時，該怎麼辦？

F君到公司才半年。從生疏的新人開始摸索，至今對工作也有了粗淺的了解。

但是，仍然時常出錯。譬如接到打給課長的電話，却忘記問對方姓名，讓課長瞪了好幾眼。

因這個教訓，F君自此以後都記得問對方的名字。

有一天——。電話鈴響了，拿起話筒，「課長在不在？」

如往常一樣，F君問對方：

「請問是那一位？」

「我是陳先生。」

「課長現在不在。」

這麼回答之後，那個人却大發雷霆。

「到底耍什麼把戲！」F君一點都搞不懂對方在生什麼氣。

被懷疑是說謊

接電話的時候，必須確認三件事：

①誰打來的。

②有什麼事。

③緊急程度如何。

一般的新職員都會謹守這三大原則，但是太過拘泥往往會弄巧成拙。

電話中可能發生的情況幾乎沒有常規可循。而且，所交談的對象，幾乎都是不清楚底細的人

只知道基本也沒有用的就是電話。

。問對方名字，是考慮接電話的應對方式。因對象的不同，有的電話該接，有的電話却是避之唯恐不及。

因此，只要大聲確認地問：

「是陳先生啊?!」

聽到是陳先生打來的上司，就可以立刻指示說在或是不在。

這個方法是大家都熟悉的應對之策，所以，打電話的人往往會懷疑，自己也許被耍了一招。這個例子的問題點就在此。

要清楚地讓對方明白當事者不在

這個例子中，上司的確是外出不在。所以，正確的應對是——

「上司剛出去，請問您是那一位？」

當對方報出自己的姓名後——

「如果方便，可否請教您有什麼貴事？」

應該這樣應對。只是，這個例子中的對方已經生氣了，所以，必須如此解釋：

「對不起，請原諒我言詞笨拙，課長今天一早就出差去了。」

為抹去對方以為是聽到自己的名字後，才說不在的印象，必須清楚地說出「今天一早」，好讓對方清楚明白。

然後再客氣地問：

「是否有什麼急事？要不要我替您轉達？」

這樣對方才不至於造成誤會。

大展出版社有限公司	圖書目錄
地址：台北市北投區11204 致遠一路二段12巷1號 郵撥： 0166955～1	電話：(02) 8236031 8236033 傳眞：(02) 8272069

・法律專欄連載・電腦編號 58

台大法學院 法律學系／策劃 法律服務社／編著

①別讓您的權利睡著了1	200元
②別讓您的權利睡著了2	200元

・秘傳占卜系列・電腦編號 14

①手相術	淺野八郎著	150元
②人相術	淺野八郎著	150元
③西洋占星術	淺野八郎著	150元
④中國神奇占卜	淺野八郎著	150元
⑤夢判斷	淺野八郎著	150元
⑥前世、來世占卜	淺野八郎著	150元
⑦法國式血型學	淺野八郎著	150元
⑧靈感、符咒學	淺野八郎著	150元
⑨紙牌占卜學	淺野八郎著	150元
⑩ＥＳＰ超能力占卜	淺野八郎著	150元
⑪猶太數的秘術	淺野八郎著	150元
⑫新心理測驗	淺野八郎著	160元
⑬塔羅牌預言秘法	淺野八郎著	200元

・趣味心理講座・電腦編號 15

①性格測驗１	探索男與女	淺野八郎著	140元
②性格測驗２	透視人心奧秘	淺野八郎著	140元
③性格測驗３	發現陌生的自己	淺野八郎著	140元
④性格測驗４	發現你的真面目	淺野八郎著	140元
⑤性格測驗５	讓你們吃驚	淺野八郎著	140元
⑥性格測驗６	洞穿心理盲點	淺野八郎著	140元
⑦性格測驗７	探索對方心理	淺野八郎著	140元
⑧性格測驗８	由吃認識自己	淺野八郎著	140元

⑨性格測驗9　戀愛知多少　淺野八郎著　160元
⑩性格測驗10　由裝扮瞭解人心　淺野八郎著　160元
⑪性格測驗11　敲開內心玄機　淺野八郎著　140元
⑫性格測驗12　透視你的未來　淺野八郎著　140元
⑬血型與你的一生　淺野八郎著　160元
⑭趣味推理遊戲　淺野八郎著　160元
⑮行爲語言解析　淺野八郎著　160元

・婦幼天地・電腦編號16

①八萬人減肥成果　黃靜香譯　180元
②三分鐘減肥體操　楊鴻儒譯　150元
③窈窕淑女美髮秘訣　柯素娥譯　130元
④使妳更迷人　成　玉譯　130元
⑤女性的更年期　官舒妍編譯　160元
⑥胎內育兒法　李玉瓊編譯　150元
⑦早產兒袋鼠式護理　唐岱蘭譯　200元
⑧初次懷孕與生產　婦幼天地編譯組　180元
⑨初次育兒12個月　婦幼天地編譯組　180元
⑩斷乳食與幼兒食　婦幼天地編譯組　180元
⑪培養幼兒能力與性向　婦幼天地編譯組　180元
⑫培養幼兒創造力的玩具與遊戲　婦幼天地編譯組　180元
⑬幼兒的症狀與疾病　婦幼天地編譯組　180元
⑭腿部苗條健美法　婦幼天地編譯組　180元
⑮女性腰痛別忽視　婦幼天地編譯組　150元
⑯舒展身心體操術　李玉瓊編譯　130元
⑰三分鐘臉部體操　趙薇妮著　160元
⑱生動的笑容表情術　趙薇妮著　160元
⑲心曠神怡減肥法　川津祐介著　130元
⑳內衣使妳更美麗　陳玄茹譯　130元
㉑瑜伽美姿美容　黃靜香編著　150元
㉒高雅女性裝扮學　陳珮玲譯　180元
㉓蠶糞肌膚美顏法　坂梨秀子著　160元
㉔認識妳的身體　李玉瓊譯　160元
㉕產後恢復苗條體態　居理安・芙萊喬著　200元
㉖正確護髮美容法　山崎伊久江著　180元
㉗安琪拉美姿養生學　安琪拉蘭斯博瑞著　180元
㉘女體性醫學剖析　增田豐著　220元
㉙懷孕與生產剖析　岡部綾子著　180元
㉚斷奶後的健康育兒　東城百合子著　220元
㉛引出孩子幹勁的責罵藝術　多湖輝著　170元

㉜培養孩子獨立的藝術	多湖輝著	170元
㉝子宮肌瘤與卵巢囊腫	陳秀琳編著	180元
㉞下半身減肥法	納他夏・史達賓著	180元
㉟女性自然美容法	吳雅菁編著	180元
㊱再也不發胖	池園悅太郎著	170元
㊲生男生女控制術	中垣勝裕著	220元
㊳使妳的肌膚更亮麗	楊　皓編著	170元
㊴臉部輪廓變美	芝崎義夫著	180元
㊵斑點、皺紋自己治療	高須克彌著	180元
㊶面皰自己治療	伊藤雄康著	180元
㊷隨心所欲瘦身冥想法	原久子著	180元
㊸胎兒革命	鈴木丈織著	180元
㊹NS磁氣平衡法塑造窈窕奇蹟	古屋和江著	180元

・青 春 天 地・電腦編號 17

①A血型與星座	柯素娥編譯	160元
②B血型與星座	柯素娥編譯	160元
③O血型與星座	柯素娥編譯	160元
④AB血型與星座	柯素娥編譯	120元
⑤青春期性教室	呂貴嵐編譯	130元
⑥事半功倍讀書法	王毅希編譯	150元
⑦難解數學破題	宋釗宜編譯	130元
⑧速算解題技巧	宋釗宜編譯	130元
⑨小論文寫作秘訣	林顯茂編譯	120元
⑪中學生野外遊戲	熊谷康編著	120元
⑫恐怖極短篇	柯素娥編譯	130元
⑬恐怖夜話	小毛驢編譯	130元
⑭恐怖幽默短篇	小毛驢編譯	120元
⑮黑色幽默短篇	小毛驢編譯	120元
⑯靈異怪談	小毛驢編譯	130元
⑰錯覺遊戲	小毛驢編譯	130元
⑱整人遊戲	小毛驢編著	150元
⑲有趣的超常識	柯素娥編譯	130元
⑳哦！原來如此	林慶旺編譯	130元
㉑趣味競賽100種	劉名揚編譯	120元
㉒數學謎題入門	宋釗宜編譯	150元
㉓數學謎題解析	宋釗宜編譯	150元
㉔透視男女心理	林慶旺編譯	120元
㉕少女情懷的自白	李桂蘭編譯	120元
㉖由兄弟姊妹看命運	李玉瓊編譯	130元

㉗趣味的科學魔術	林慶旺編譯	150元
㉘趣味的心理實驗室	李燕玲編譯	150元
㉙愛與性心理測驗	小毛驢編譯	130元
㉚刑案推理解謎	小毛驢編譯	130元
㉛偵探常識推理	小毛驢編譯	130元
㉜偵探常識解謎	小毛驢編譯	130元
㉝偵探推理遊戲	小毛驢編譯	130元
㉞趣味的超魔術	廖玉山編著	150元
㉟趣味的珍奇發明	柯素娥編著	150元
㊱登山用具與技巧	陳瑞菊編著	150元

•健 康 天 地•電腦編號 18

①壓力的預防與治療	柯素娥編譯	130元
②超科學氣的魔力	柯素娥編譯	130元
③尿療法治病的神奇	中尾良一著	130元
④鐵證如山的尿療法奇蹟	廖玉山譯	120元
⑤一日斷食健康法	葉慈容編譯	150元
⑥胃部強健法	陳炳崑譯	120元
⑦癌症早期檢查法	廖松濤譯	160元
⑧老人痴呆症防止法	柯素娥編譯	130元
⑨松葉汁健康飲料	陳麗芬編譯	130元
⑩揉肚臍健康法	永井秋夫著	150元
⑪過勞死、猝死的預防	卓秀貞編譯	130元
⑫高血壓治療與飲食	藤山順豐著	150元
⑬老人看護指南	柯素娥編譯	150元
⑭美容外科淺談	楊啟宏著	150元
⑮美容外科新境界	楊啟宏著	150元
⑯鹽是天然的醫生	西英司郎著	140元
⑰年輕十歲不是夢	梁瑞麟譯	200元
⑱茶料理治百病	桑野和民著	180元
⑲綠茶治病寶典	桑野和民著	150元
⑳杜仲茶養顏減肥法	西田博著	150元
㉑蜂膠驚人療效	瀨長良三郎著	180元
㉒蜂膠治百病	瀨長良三郎著	180元
㉓醫藥與生活	鄭炳全著	180元
㉔鈣長生寶典	落合敏著	180元
㉕大蒜長生寶典	木下繁太郎著	160元
㉖居家自我健康檢查	石川恭三著	160元
㉗永恒的健康人生	李秀鈴譯	200元
㉘大豆卵磷脂長生寶典	劉雪卿譯	150元

㉙芳香療法	梁艾琳譯	160元
㉚醋長生寶典	柯素娥譯	180元
㉛從星座透視健康	席拉・吉蒂斯著	180元
㉜愉悅自在保健學	野本二士夫著	160元
㉝裸睡健康法	丸山淳士等著	160元
㉞糖尿病預防與治療	藤田順豐著	180元
㉟維他命長生寶典	菅原明子著	180元
㊱維他命C新效果	鐘文訓編	150元
㊲手、腳病理按摩	堤芳朗著	160元
㊳AIDS瞭解與預防	彼得塔歇爾著	180元
㊴甲殼質殼聚糖健康法	沈永嘉譯	160元
㊵神經痛預防與治療	木下眞男著	160元
㊶室內身體鍛鍊法	陳炳崑編著	160元
㊷吃出健康藥膳	劉大器編著	180元
㊸自我指壓術	蘇燕謀編著	160元
㊹紅蘿蔔汁斷食療法	李玉瓊編著	150元
㊺洗心術健康秘法	竺翠萍編譯	170元
㊻枇杷葉健康療法	柯素娥編譯	180元
㊼抗衰血癒	楊啟宏著	180元
㊽與癌搏鬥記	逸見政孝著	180元
㊾冬蟲夏草長生寶典	高橋義博著	170元
㊿痔瘡・大腸疾病先端療法	宮島伸宜著	180元
51膠布治癒頑固慢性病	加瀨建造著	180元
52芝麻神奇健康法	小林貞作著	170元
53香煙能防止癡呆？	高田明和著	180元
54穀菜食治癌療法	佐藤成志著	180元
55貼藥健康法	松原英多著	180元
56克服癌症調和道呼吸法	帶津良一著	180元
57Ｂ型肝炎預防與治療	野村喜重郎著	180元
58青春永駐養生導引術	早島正雄著	180元
59改變呼吸法創造健康	原久子著	180元
60荷爾蒙平衡養生秘訣	出村博著	180元
61水美肌健康法	井戶勝富著	170元
62認識食物掌握健康	廖梅珠編著	170元
63痛風劇痛消除法	鈴木吉彥著	180元
64酸莖菌驚人療效	上田明彥著	180元
65大豆卵磷脂治現代病	神津健一著	200元
66時辰療法──危險時刻凌晨４時	呂建強等著	180元
67自然治癒力提升法	帶津良一著	180元
68巧妙的氣保健法	藤平墨子著	180元
69治癒Ｃ型肝炎	熊田博光著	180元

⑳肝臟病預防與治療	劉名揚編著	180元
㉑腰痛平衡療法	荒井政信著	180元
㉒根治多汗症、狐臭	稻葉益巳著	220元
㉓40歲以後的骨質疏鬆症	沈永嘉譯	180元
㉔認識中藥	松下一成著	180元
㉕認識氣的科學	佐佐木茂美著	180元
㉖我戰勝了癌症	安田伸著	180元
㉗斑點是身心的危險信號	中野進著	180元
㉘艾波拉病毒大震撼	玉川重德著	180元
㉙重新還我黑髮	桑名隆一郎著	180元
㉚身體節律與健康	林博史著	180元
㉛生薑治萬病	石原結實著	180元

•實用女性學講座• 電腦編號 19

①解讀女性內心世界	島田一男著	150元
②塑造成熟的女性	島田一男著	150元
③女性整體裝扮學	黃靜香編著	180元
④女性應對禮儀	黃靜香編著	180元
⑤女性婚前必修	小野十傳著	200元
⑥徹底瞭解女人	田口二州著	180元
⑦拆穿女性謊言88招	島田一男著	200元
⑧解讀女人心	島田一男著	200元

•校 園 系 列• 電腦編號 20

①讀書集中術	多湖輝著	150元
②應考的訣竅	多湖輝著	150元
③輕鬆讀書贏得聯考	多湖輝著	150元
④讀書記憶秘訣	多湖輝著	150元
⑤視力恢復！超速讀術	江錦雲譯	180元
⑥讀書36計	黃柏松編著	180元
⑦驚人的速讀術	鐘文訓編著	170元
⑧學生課業輔導良方	多湖輝著	180元
⑨超速讀超記憶法	廖松濤編著	180元
⑩速算解題技巧	宋釗宜編著	200元
⑪看圖學英文	陳炳崑編著	200元

•實用心理學講座• 電腦編號 21

①拆穿欺騙伎倆	多湖輝著	140元

②創造好構想	多湖輝著	140元
③面對面心理術	多湖輝著	160元
④僞裝心理術	多湖輝著	140元
⑤透視人性弱點	多湖輝著	140元
⑥自我表現術	多湖輝著	180元
⑦不可思議的人性心理	多湖輝著	150元
⑧催眠術入門	多湖輝著	150元
⑨責罵部屬的藝術	多湖輝著	150元
⑩精神力	多湖輝著	150元
⑪厚黑說服術	多湖輝著	150元
⑫集中力	多湖輝著	150元
⑬構想力	多湖輝著	150元
⑭深層心理術	多湖輝著	160元
⑮深層語言術	多湖輝著	160元
⑯深層說服術	多湖輝著	180元
⑰掌握潛在心理	多湖輝著	160元
⑱洞悉心理陷阱	多湖輝著	180元
⑲解讀金錢心理	多湖輝著	180元
⑳拆穿語言圈套	多湖輝著	180元
㉑語言的內心玄機	多湖輝著	180元

•超現實心理講座•電腦編號 22

①超意識覺醒法	詹蔚芬編譯	130元
②護摩秘法與人生	劉名揚編譯	130元
③秘法！超級仙術入門	陸　明譯	150元
④給地球人的訊息	柯素娥編著	150元
⑤密教的神通力	劉名揚編著	130元
⑥神秘奇妙的世界	平川陽一著	180元
⑦地球文明的超革命	吳秋嬌譯	200元
⑧力量石的秘密	吳秋嬌譯	180元
⑨超能力的靈異世界	馬小莉譯	200元
⑩逃離地球毀滅的命運	吳秋嬌譯	200元
⑪宇宙與地球終結之謎	南山宏著	200元
⑫驚世奇功揭秘	傅起鳳著	200元
⑬啟發身心潛力心象訓練法	栗田昌裕著	180元
⑭仙道術遁甲法	高藤聰一郎著	220元
⑮神通力的秘密	中岡俊哉著	180元
⑯仙人成仙術	高藤聰一郎著	200元
⑰仙道符咒氣功法	高藤聰一郎著	220元
⑱仙道風水術尋龍法	高藤聰一郎著	200元

⑲仙道奇蹟超幻像	高藤聰一郎著	200元
⑳仙道鍊金術房中法	高藤聰一郎著	200元
㉑奇蹟超醫療治癒難病	深野一幸著	220元
㉒揭開月球的神秘力量	超科學研究會	180元
㉓西藏密教奧義	高藤聰一郎著	250元

・養 生 保 健・電腦編號 23

①醫療養生氣功	黃孝寬著	250元
②中國氣功圖譜	余功保著	230元
③少林醫療氣功精粹	井玉蘭著	250元
④龍形實用氣功	吳大才等著	220元
⑤魚戲增視強身氣功	宮 嬰著	220元
⑥嚴新氣功	前新培金著	250元
⑦道家玄牝氣功	張 章著	200元
⑧仙家秘傳袪病功	李遠國著	160元
⑨少林十大健身功	秦慶豐著	180元
⑩中國自控氣功	張明武著	250元
⑪醫療防癌氣功	黃孝寬著	250元
⑫醫療強身氣功	黃孝寬著	250元
⑬醫療點穴氣功	黃孝寬著	250元
⑭中國八卦如意功	趙維漢著	180元
⑮正宗馬禮堂養氣功	馬禮堂著	420元
⑯秘傳道家筋經內丹功	王慶餘著	280元
⑰三元開慧功	辛桂林著	250元
⑱防癌治癌新氣功	郭 林著	180元
⑲禪定與佛家氣功修煉	劉天君著	200元
⑳顛倒之術	梅自強著	360元
㉑簡明氣功辭典	吳家駿編	360元
㉒八卦三合功	張全亮著	230元
㉓朱砂掌健身養生功	楊 永著	250元
㉔抗老功	陳九鶴著	230元

・社會人智囊・電腦編號 24

①糾紛談判術	清水增三著	160元
②創造關鍵術	淺野八郎著	150元
③觀人術	淺野八郎著	180元
④應急詭辯術	廖英迪編著	160元
⑤天才家學習術	木原武一著	160元
⑥猫型狗式鑑人術	淺野八郎著	180元

⑦逆轉運掌握術	淺野八郎著	180元
⑧人際圓融術	澀谷昌三著	160元
⑨解讀人心術	淺野八郎著	180元
⑩與上司水乳交融術	秋元隆司著	180元
⑪男女心態定律	小田晉著	180元
⑫幽默說話術	林振輝編著	200元
⑬人能信賴幾分	淺野八郎著	180元
⑭我一定能成功	李玉瓊譯	180元
⑮獻給青年的嘉言	陳蒼杰譯	180元
⑯知人、知面、知其心	林振輝編著	180元
⑰塑造堅強的個性	坂上肇著	180元
⑱爲自己而活	佐藤綾子著	180元
⑲未來十年與愉快生活有約	船井幸雄著	180元
⑳超級銷售話術	杜秀卿譯	180元
㉑感性培育術	黃靜香編著	180元
㉒公司新鮮人的禮儀規範	蔡媛惠譯	180元
㉓傑出職員鍛鍊術	佐佐木正著	180元
㉔面談獲勝戰略	李芳黛譯	180元
㉕金玉良言撼人心	森純大著	180元
㉖男女幽默趣典	劉華亭編著	180元
㉗機智說話術	劉華亭編著	180元
㉘心理諮商室	柯素娥譯	180元
㉙如何在公司頭角崢嶸	佐佐木正著	180元
㉚機智應對術	李玉瓊編著	200元
㉛克服低潮良方	坂野雄二著	180元
㉜智慧型說話技巧	沈永嘉編著	元
㉝記憶力、集中力增進術	廖松濤編著	180元

•精 選 系 列•電腦編號25

①毛澤東與鄧小平	渡邊利夫等著	280元
②中國大崩裂	江戶介雄著	180元
③台灣•亞洲奇蹟	上村幸治著	220元
④7-ELEVEN高盈收策略	國友隆一著	180元
⑤台灣獨立	森 詠著	200元
⑥迷失中國的末路	江戶雄介著	220元
⑦2000年5月全世界毀滅	紫藤甲子男著	180元
⑧失去鄧小平的中國	小島朋之著	220元
⑨世界史爭議性異人傳	桐生操著	200元
⑩淨化心靈享人生	松濤弘道著	220元
⑪人生心情診斷	賴藤和寬著	220元

⑫中美大決戰　檜山艮昭著　220元

・運動遊戲・電腦編號26

①雙人運動　李玉瓊譯　160元
②愉快的跳繩運動　廖玉山譯　180元
③運動會項目精選　王佑京譯　150元
④肋木運動　廖玉山譯　150元
⑤測力運動　王佑宗譯　150元

・休閒娛樂・電腦編號27

①海水魚飼養法　田中智浩著　300元
②金魚飼養法　曾雪玫譯　250元
③熱門海水魚　毛利匡明著　480元
④愛犬的教養與訓練　池田好雄著　250元

・銀髮族智慧學・電腦編號28

①銀髮六十樂逍遙　多湖輝著　170元
②人生六十反年輕　多湖輝著　170元
③六十歲的決斷　多湖輝著　170元

・飲食保健・電腦編號29

①自己製作健康茶　大海淳著　220元
②好吃、具藥效茶料理　德永睦子著　220元
③改善慢性病健康藥草茶　吳秋嬌譯　200元
④藥酒與健康果菜汁　成玉編著　250元

・家庭醫學保健・電腦編號30

①女性醫學大全　雨森良彥著　380元
②初爲人父育兒寶典　小瀧周曹著　220元
③性活力強健法　相建華著　220元
④30歲以上的懷孕與生產　李芳黛編著　220元
⑤舒適的女性更年期　野末悅子著　200元
⑥夫妻前戲的技巧　笠井寬司著　200元
⑦病理足穴按摩　金慧明著　220元
⑧爸爸的更年期　河野孝旺著　200元
⑨橡皮帶健康法　山田晶著　200元

⑩33天健美減肥	相建華等著	180元
⑪男性健美入門	孫玉祿編著	180元
⑫強化肝臟秘訣	主婦の友社編	200元
⑬了解藥物副作用	張果馨譯	200元
⑭女性醫學小百科	松山榮吉著	200元
⑮左轉健康秘訣	龜田修等著	200元
⑯實用天然藥物	鄭炳全編著	260元
⑰神秘無痛平衡療法	林宗駛著	180元
⑱膝蓋健康法	張果馨譯	180元

・心 靈 雅 集・電腦編號00

①禪言佛語看人生	松濤弘道著	180元
②禪密教的奧秘	葉逯謙譯	120元
③觀音大法力	田口日勝著	120元
④觀音法力的大功德	田口日勝著	120元
⑤達摩禪106智慧	劉華亭編譯	220元
⑥有趣的佛教研究	葉逯謙編譯	170元
⑦夢的開運法	蕭京凌譯	130元
⑧禪學智慧	柯素娥編譯	130元
⑨女性佛教入門	許俐萍譯	110元
⑩佛像小百科	心靈雅集編譯組	130元
⑪佛教小百科趣談	心靈雅集編譯組	120元
⑫佛教小百科漫談	心靈雅集編譯組	150元
⑬佛教知識小百科	心靈雅集編譯組	150元
⑭佛學名言智慧	松濤弘道著	220元
⑮釋迦名言智慧	松濤弘道著	220元
⑯活人禪	平田精耕著	120元
⑰坐禪入門	柯素娥編譯	150元
⑱現代禪悟	柯素娥編譯	130元
⑲道元禪師語錄	心靈雅集編譯組	130元
⑳佛學經典指南	心靈雅集編譯組	130元
㉑何謂「生」　阿含經	心靈雅集編譯組	150元
㉒一切皆空　般若心經	心靈雅集編譯組	150元
㉓超越迷惘　法句經	心靈雅集編譯組	130元
㉔開拓宇宙觀　華嚴經	心靈雅集編譯組	180元
㉕真實之道　法華經	心靈雅集編譯組	130元
㉖自由自在　涅槃經	心靈雅集編譯組	130元
㉗沈默的教示　維摩經	心靈雅集編譯組	150元
㉘開通心眼　佛語佛戒	心靈雅集編譯組	130元
㉙揭秘寶庫　密教經典	心靈雅集編譯組	180元

㉚坐禪與養生	廖松濤譯	110元
㉛釋尊十戒	柯素娥編譯	120元
㉜佛法與神通	劉欣如編著	120元
㉝悟（正法眼藏的世界）	柯素娥編譯	120元
㉞只管打坐	劉欣如編著	120元
㉟喬答摩・佛陀傳	劉欣如編著	120元
㊱唐玄奘留學記	劉欣如編著	120元
㊲佛教的人生觀	劉欣如編譯	110元
㊳無門關（上卷）	心靈雅集編譯組	150元
㊴無門關（下卷）	心靈雅集編譯組	150元
㊵業的思想	劉欣如編著	130元
㊶佛法難學嗎	劉欣如著	140元
㊷佛法實用嗎	劉欣如著	140元
㊸佛法殊勝嗎	劉欣如著	140元
㊹因果報應法則	李常傳編	180元
㊺佛教醫學的奧秘	劉欣如編著	150元
㊻紅塵絕唱	海　若著	130元
㊼佛教生活風情	洪丕謨、姜玉珍著	220元
㊽行住坐臥有佛法	劉欣如著	160元
㊾起心動念是佛法	劉欣如著	160元
㊿四字禪語	曹洞宗青年會	200元
51妙法蓮華經	劉欣如編著	160元
52根本佛教與大乘佛教	葉作森編	180元
53大乘佛經	定方晟著	180元
54須彌山與極樂世界	定方晟著	180元
55阿闍世的悟道	定方晟著	180元
56金剛經的生活智慧	劉欣如著	180元

・經 營 管 理・電腦編號 01

◎創新經營六十六大計（精）	蔡弘文編	780元
①如何獲取生意情報	蘇燕謀譯	110元
②經濟常識問答	蘇燕謀譯	130元
④台灣商戰風雲錄	陳中雄著	120元
⑤推銷大王秘錄	原一平著	180元
⑥新創意・賺大錢	王家成譯	90元
⑦工廠管理新手法	琪　輝著	120元
⑨經營參謀	柯順隆譯	120元
⑩美國實業24小時	柯順隆譯	80元
⑪撼動人心的推銷法	原一平著	150元
⑫高竿經營法	蔡弘文編	120元

國家圖書館出版品預行編目資料

機智應對術／李玉瓊編著, — 2 版
—臺北市；大展, 民 86
面；　公分, — (社會人智囊；30)
ISBN 957-557-733-7 (平裝)

1.修養　2.口才

192.32　　　　86007511

ISBN 957-557-733-7

機智應對術

編著者／李 玉 瓊
發行人／蔡 森 明
出版者／大展出版社有限公司
社　址／台北市北投區（石牌）致遠一路二段12巷1號
電　話／(02) 8236031・8236033
傳　眞／(02) 8272069
郵政劃撥／0166955－1
登記證／局版臺業字第2171號
承印者／國順圖書印刷公司
裝　訂／嶸興裝訂有限公司
排版者／千兵企業有限公司
電　話／(02) 8812643
初版1刷／1991年（民80年） 5月
2版1刷／1997年（民86年） 8月

定　價／200元

大展好書 好書大展

大展好書 好書大展